Tapas

Coverfoto: Uwe Ziss, Düsseldorf
Gestaltung: WirtzCologne
Rezepte: Gertrud Berning
Gesamtherstellung: Naumann & Göbel Verlagsgesellschaft mbH
ISBN 3-625-11176-4

Tapas

NGV

Inhalt

Vorwort

Schon seit Jahrhunderten werden in Spanien zu einem Glas Sherry, Wein oder Bier Tapas serviert. Die kleinen, würzigen Appetithäppchen mit Fisch, Fleisch, Gemüse oder Salat bilden eine solide Grundlage und machen Lust auf mehr.

Ein Tapa kommt selten allein

Die Theken der Tapas-Bars sind mit Schüsseln und Platten gut bestückt, auf denen die unterschiedlichsten kleinen Gerichte und delikate Häppchen präsentiert werden. Diese Kleinigkeiten sind so verführerisch, dass man sie unbedingt probieren muss.

Tapas sind vom Ursprung her all die kleinen Gerichte, die die Zeit zwischen Mittagessen und Abendessen verkürzen. Es gibt unterschiedliche Geschichten über den Ursprung der Tapas. So erzählt man sich z.B., dass sie vom spanischen König Alfonso X. erfunden wurden. Dieser lebte im 13. Jahrhundert und konnte während einer Krankheit immer nur kleine Häppchen zum Wein zu sich nehmen. Als er wieder gesund war, gab er den Befehl, in ganz Spanien niemals wieder Wein zu servieren, ohne etwas zu Essen dazu zu reichen. Diese hübsche Geschichte ist eher unwahrscheinlich und andere Quellen berichten, dass die ersten Tapas von den Bauern und vom einfachen Volk verzehrt wurden. Diese benötigten kleine Zwischenmahlzeiten, damit sie ihre schwere Arbeit verrichten konnten, ohne zwischendurch eine richtige Mahlzeit zu sich nehmen zu müssen. Vermutlich ist die Tapaskultur durch den Einfluss der Mauren entstanden. Denn auch in der nordafrikanischen Kochkultur kennen wir die Sitte, kleine Gerichte miteinander zu teilen und zusammen zu genießen.

Wo auch immer die Tapas ihren Ursprung genommen haben – als die Tavernen immer größere Verbreitung fanden, brach die große Zeit der Tapas an. Alle Getränke in Krügen und Gläsern wurden seit dieser Zeit immer mit einer Scheibe Brot, geräuchertem Schinken oder Käse abgedeckt. So konnten weder Staub noch Fliegen ins Glas fallen und zum Alkoholgenuss wurde immer gleichzeitig etwas gegessen. Diese kleinen Köstlichkeiten als Deckel auf einem Glas nannte man Tapas, was nichts anderes als „Deckel" heißt. Mit dem Verzehr von Tapas war eine spanische Tradition geboren, die inzwischen auf der ganzen Welt äußerst populär ist. Im Laufe der Jahrhunderte hat sich der Tapas-Genuss zu einer Lebensart entwickelt. Ihre Vielfalt ist zahllos, sie werden in kleinen Schälchen oder auf Tellern serviert und dann in Gemeinschaft verzehrt.

Die einfachsten Tapas sind auch zu Hause im Handumdrehen aus Zutaten gemacht, die man immer vorrätig haben kann. So lassen sich in wenigen Augenblicken hauchdünn aufgeschnitter Serranoschinken, Salami- und Chorizoscheiben, unterschiedlich gewürzte Oliven, Käse in Würfeln, Paprika in Streifen und Weißbrot in Scheiben in kleinen Schälchen bereitstellen.

Die Variationsmöglichkeiten der Tapas sind zahllos, es gibt nichts aus dem sich nicht irgendein dekoratives Häppchen zubereiten lässt. Dieses kann ein einfacher Salat mit Tomatenscheiben sein, angerichtet auf einem Teller, gewürzt mit Zwiebel und Knoblauch, bestreut mit Petersilie und beträufelt mit gutem Olivenöl. Beliebt ist auch, den Salat anstatt auf einem Teller direkt auf kleinen gerösteten Weißbrotscheiben oder auf kräftigen Bauernbrotscheiben anzurichten und zu servieren.

Sardellen gehören unbedingt zu den traditionellen Tapas. Sie werden häufig frittiert angeboten, sind knusprig und schmecken überaus köstlich. Man kann diese kleinen Fischchen mit Kopf und Schwanz verspeisen. Zum Frittieren verwendet man in Spanien natürlich Olivenöl. Dieses eignet sich besonders gut, weil sein Rauchpunkt sehr hoch liegt. Es lässt sich jedoch auch durch jedes andere hoch erhitzbare Fett ersetzen: Rapsöl, neutrales Sonnenblumenöl oder auch Butterschmalz.

Unbedingt zu den Tapas gehören auch **Garnelen a la plancha**, gegrillte Garnelen. Tiefgekühlte Garnelen müssen dafür vor der Zubereitung schonend aufgetaut werden. Dazu werden die Garnelen einfach mit kochendem Wasser überbrüht. Man lässt sie kurz ziehen, braust sie anschließend in einem Sieb gründlich kalt ab und stellt sie im Sieb für 30 Minuten in den Kühlschrank. Gebraten werden die Garnelen auf der so genannten Plancha. Eine solche **Plancha** ist ein wunderbares Küchengerät. Es handelt sich dabei um eine große Platte aus Edelstahl oder aus Gusseisen. Die darunter liegende Heizquelle heizt sie sehr stark auf, so dass man auf ihr braten kann wie in einer riesigen Pfanne. Durch die starke Hitze werden Garnelen und andere Lebensmittel schnell gar. Die äußere Eiweißschicht verschließt sich sofort und das Innere bleibt somit saftig. Durch die starke Hitze karamellisiert die Oberfläche leicht, was man deutlich und angenehm schmeckt.

Insgesamt gibt es Hunderte von ganz vortrefflichen Tapas-Gerichten, die zwar etwas mehr Arbeit machen aber eine enorme kulinarische Vielfalt bieten. Sie werden immer aus frischen oder eingelegten Produkten der Region hergestellt.

Tapas-Bars öffnen in Spanien gegen 13.00 Uhr und bieten eine solche Vielfalt von Delikatessen an, das man die Qual der Wahl hat. In manchen Bars wird das Tapas-Sortiment an der Theke ausgestellt. Ein Kellner legt die vom Gast ausgewählten Tapas auf einen kleinen Teller. Der Gast isst sie im Stehen an der Theke oder auch an einem der vielen kleinen Tische sitzend. In einigen Gegenden Spaniens bedient man sich auch selbst an der Tapas-Bar und bezahlt erst beim Gehen nach der Anzahl der verwendeten Tellerchen, Partysticks und Holzgäbelchen.

Traditionell werden viele der Tapas mit einem Fino, einem trockenen und leichten Sherry serviert und mit kleinen Gabeln oder Zahnstochern verspeist. Die Mittagstapas sind ein erster Vorgeschmack auf das zwischen 13.30 und 15.00 Uhr ser-

vierte Mittagessen, la comida. Dieses setzt sich aus drei Gängen zusammen – Vorspeise, Hauptgang und Dessert. Darauf folgt am späten Nachmittag, zwischen 17.00 und 18.30 Uhr, die merienda, eine Kaffeepause mit Gebäck oder Brötchen. Bereits zwischen 20.00 und 21.00 Uhr hat man sich vielleicht mit Freunden verabredet, um der vormittäglichen Tapas-Runde eine frühabendliche folgen zu lassen. Traditionell endet diese in der Regel mit einem tapeo, das ist ein Umzug von Tapas-Bar zu Tapas-Bar. Diese Sitte führt mitunter dazu, dass ganz auf das eigentliche Abendessen, la cena, verzichtet wird, das sich normalerweise gegen 22.00 Uhr anschließt. Besonders Hungrige bestellen in diesem Fall nicht nur Tapas, sondern raciones. Raciones sind einfach nur größere Portionen von Tapas.

Die Tapas-Bars stehen in der spanischen Esskultur für Geselligkeit. Man geht gemeinsam aus, trinkt ein Gläschen Fino, isst ein paar kleine Häppchen, redet, trifft sich mit Freunden, Bekannten oder Nachbarn. Tapas-Bars sind somit Treffpunkte in Stadtvierteln und Orte, an denen sich Genuss und soziales Leben verbindet.

In Spanien scheint es abends niemand besonders eilig zu haben, wieder nach Hause zu kommen. Und trotzdem finden sich am nächsten Morgen alle wieder in der gleichen Bar an der Ecke zum ersten Kaffee. Nicht selten bietet dann der tapeo des Vorabends den Gesprächsstoff mit dem Nachbarn.

Tapas – und seien es nur Schälchen mit Oliven, Mandeln, Kichererbsen oder mit andern kleinen Köstlichkeiten – haben regelrechte Verehrer, die tapeadores genannt werden.

Tapas, die man wohl überall findet sind Hähnchen- und Fischkroketten, pikante Kartoffeln und Albondigas, kleine Hackbällchen. Weniger übliche Gemüsesorten wie Auberginen oder Bohnen werden in der Tortilla verwendet. Wenn diese dann noch einige Gambas oder Sardinen enthält, ist sie sehr sättigend und kann ein ganzes Mittagessen ersetzen.

Viele spanische Rezepte eignen sich auch für Tapas, sie werden einfach als mundgerechte Happen zugeschnitten und mit Spießchen oder mit Holzgäbelchen serviert. Inzwischen werden weltweit immer neue Tapasrezepte entwickelt.

Tapas werden eingeteilt in unterschiedliche Kategorien:

Cosas de picar sind Kleinigkeiten zum Knabbern oder Fingerfood. Dazu gehören Oliven, gewürzte Mandeln, frittierte grüne Chilis und Tortillastücke oder auch Salat auf Brotscheiben.

Pinchos sind etwas gehaltvoller und stecken auf Spießchen, wie Kartoffeln, Hühnerleber mit Sherryglasur und Fleischklößchen mit Sauce.

Cazuelas sind eigentlich kleine braune Tonschälchen. Diese werden von Köchen in ganz Spanien verwendet und die darin zubereiteten Gerichte heißen ebenfalls Cazuelas. Dazu gehören z.B. Knoblauchgarnelen mit Zitrone und Petersilie oder Dicke Bohnen mit Schinken und Ei.

Heute ist die ursprüngliche Funktion der Tapas als Deckel in den Hintergrund getreten. Sie sind zu einer Institution geworden und stehen für eine gesellige lebensfrohe Tradition, einen Lebensstil. Tapas bilden den zwanglosen Rahmen, sich zu Beginn der Mittagspause oder gleich nach Feierabend zu treffen, sich zu unterhalten, etwas zu trinken und dabei nach Lust und Laune verschiedene Kleinigkeiten zu probieren. Traditionell wird dazu häufig der Wein aus der jeweiligen Region getrunken, z.B. Peleón und Reserva aus Kastillien, Ribero aus Navarra, Rioja aus dem gleichnamigen Anbaugebiet, aber auch eine Art Champagner (Cava) und natürlich fast überall Sherry.

Eier- und Teiggerichte

Aus Eiern lassen sich viele köstliche Tapas zaubern. Dazu gehört auch die klassische spanische Tortilla, ein wunderbar würziges Omelett, serviert in kleinen Häppchen, in denen sich neben Kartoffeln auch viele Gemüsesorten, Chorizo (würzige spanische Paprikawurst) oder Fisch verstecken können.

Empanadillas

mit Pilzen und Garnelen

Für 4 Portionen

1 P. TK-Blätterteig

2 gehackte Zwiebeln

2 gewürfelte Tomaten

1 gewürfelte grüne Paprika

250 g gemischte Pilze

1 El Öl

Salz

Pfeffer

1 hart gekochtes Ei

100 g küchenfertige Garnelen

1/2 Tl Chilipulver

1 Eigelb zum Bestreichen

Zubereitungszeit: ca. 25 Minuten (plus Backzeit)
Pro Portion ca. 236 kcal/992 kJ
12 g E, 16 g F, 12 g KH

1 Blätterteig antauen lassen. Backofen auf 200 °C vorheizen. Butter erhitzen und Zwiebeln darin andünsten. Tomaten und Paprika unterrühren.

2 Die Pilze putzen, je nach Größe etwas zerkleinern. 1 El Öl in einer Pfanne erhitzen, die Pilze bei starker Hitze darin braten. Mit Salz und Pfeffer würzen.

3 Das Ei pellen, anschließend klein hacken. Die Garnelen ebenfalls klein hacken. Ei und Garnelen mitbraten. Chili dazugeben, unter gelegentlichem Rühren 10 Minuten köcheln lassen. Salzen, pfeffern und abkühlen lassen.

4 Blätterteig ausrollen und Kreise von 15 cm Ø ausstechen. Füllung auf eine Hälfte der Kreise geben. Ränder mit etwas Wasser befeuchten, überschlagen und fest andrücken. Mit Eigelb bestreichen und etwa 15 Minuten backen.

mit Gemüse und Rosinen

Für 4 Portionen

1 P. TK-Blätterteig

1 El Butter

2 gehackte Zwiebeln

2 gewürfelte Tomaten

1 gewürfelte grüne Paprika

1 El Rosinen

1/2 Tl Chilipulver

Salz

Pfeffer

1 Eigelb

Zubereitungszeit: ca. 25 Minuten (plus Backzeit)
Pro Portion ca. 176 kcal/737 kJ
3 g E, 12 g F, 13 g KH

1 Blätterteig antauen lassen. Backofen auf 200 °C vorheizen. Butter erhitzen und Zwiebeln darin andünsten. Tomaten und Paprika zugeben und unterrühren.

2 Rosinen und Chili dazugeben, unter gelegentlichem Rühren 10 Minuten köcheln lassen. Salzen, pfeffern und abkühlen lassen.

3 Blätterteig ausrollen und Kreise (15 cm Ø) ausstechen. Füllung auf eine Hälfte der Kreise geben. Ränder mit etwas Wasser befeuchten, überschlagen und fest andrücken. Mit Eigelb bestreichen und etwa 15 Minuten backen.

Tortilla mit Steinpilzen

1 Die Steinpilze putzen und mit einem Küchentuch abreiben, eventuell waschen und vorsichtig abtrocknen.

2 Steinpilze anschließend in Scheiben schneiden und in eine Schüssel geben. Mit dem Knoblauchöl gleichmäßig beträufeln, salzen und pfeffern.

3 Die Eier in einer Schüssel schaumig schlagen, die Steinpilze darunter mischen.

4 In einer Pfanne das Öl langsam erhitzen. Die Ei-Pilz-Masse hineingießen und langsam stocken lassen. Die Hitze reduzieren.

5 Die Tortilla mit Hilfe eines Tellers umdrehen und die Oberseite ebenfalls braun werden lassen.

6 Die Steinpilz-Tortilla in Würfel schneiden und warm oder kalt mit Holzspießchen servieren.

Für 4 Portionen

200 g Steinpilze

2–3 El Knoblauchöl

Salz

Pfeffer

5 Eier

2 El Öl

Holzspießchen zum Servieren

Zubereitungszeit: ca. 20 Minuten (plus Backzeit)
Pro Portion ca. 393 kcal/1649 kJ
11 g E, 39 g F, 2 g KH

Tortillitas mit Garnelen

1 Das Mehl in einer Schüssel mit 250 ml kaltem Wasser zu einem dickflüssigen Pfannkuchenteig glatt verrühren. Die Zwiebeln schälen und fein würfeln.

2 Die Garnelen säubern, den schwarzen Darm entfernen und klein hacken. Zwiebeln, Garnelen und die gehackte Petersilie unter den Teig heben.

3 Den Teig salzen und mindestens 3 Stunden quellen lassen. Wenn der Teig zu dick geworden ist, mit etwas Wasser verrühren.

4 Den Boden einer Pfanne etwa 1/2 cm hoch mit Öl bedecken. Mit einem Esslöffel etwas Teig in die Pfanne geben.

5 Teighäufchen mit dem Esslöffel so dünn wie möglich zu kleinen Pfannkuchen ausstreichen. Tortillitas von beiden Seiten goldbraun backen und auf Küchenpapier abtropfen lassen. In Stücke geschnitten warm servieren.

Für 4 Portionen

8 El Kichererbsenmehl

8 El Mehl

3 Zwiebeln

250 g küchenfertige Garnelen

2 El gehackte Petersilie

1 Tl Meersalz

Olivenöl zum Backen

Zubereitungszeit: ca. 15 Minuten (plus Zeit zum Quellen und Backen)
Pro Portion ca. 180 kcal/760 kJ
16 g E, 4 g F, 19 g KH

Für 4 Portionen

2 Knoblauchzehen

4 Frühlingszwiebeln

1 grüne Paprika

1 rote Paprika

Öl zum Braten

3 gegarte Kartoffeln

5 Eier

75 g saure Sahne

150 g frisch geriebener spanischer Käse z.B. Roncal

2 El Schnittlauchröllchen

Salz, Pfeffer

Alufolie

Öl für die Form

Holzspießchen zum Servieren

Zubereitungszeit: ca. 25 Minuten (plus Backzeit)
Pro Portion ca. 523 kcal/2195 kJ
23 g E, 42 g F, 15 g KH

Backofen-Tortilla

1 Eine eckige Auflaufform (ca. 18 x 25 cm) mit Alufolie auslegen und mit Öl einfetten. Backofen auf 180 °C vorheizen.

2 Knoblauch schälen, die Frühlingszwiebeln putzen, waschen und klein schneiden. Paprikaschoten putzen, waschen und halbieren. Anschließend Stielansatz und Kerne entfernen und die Schoten klein würfeln.

3 Etwas Öl erhitzen, Frühlingszwiebeln darin andünsten, Knoblauch dazupressen. Paprika unterheben, alles etwa 8 Minuten dünsten, dann abkühlen lassen.

4 Kartoffeln klein würfeln und mit dem Gemüse vermischen. Die Eier verquirlen, mit saurer Sahne, Käse und Schnittlauch vermischen. Gemüsemischung unterheben, salzen und pfeffern.

5 Alles in die Auflaufform füllen und glatt streichen. Im vorgeheizten Backofen bei 180 °C etwa 35 Minuten backen. Die Mischung muss auch innen gestockt sein.

6 Herausnehmen, in Würfel schneiden und mit Holzspießchen servieren.

Bohnentortilla mit Chorizo

1 Tomaten 30 Sekunden mit kochendem Wasser überbrühen, anschließend häuten, Stielansatz und Kerne entfernen und klein schneiden. Bohnen waschen. Frühlingszwiebeln und Porree putzen, waschen und klein schneiden. Knoblauch schälen und Chorizo in Scheiben schneiden.

2 3 El Öl erhitzen, Bohnenkerne und Frühlingszwiebeln darin 5 Minuten anbraten. Porree dazugeben und Knoblauch dazupressen. Etwa 5 Minuten weiter dünsten.

3 Tomaten und Chorizo hinzufügen und alles etwa 5 Minuten einkochen lassen. Eier verquirlen, mit Salz, Pfeffer und den gehackten Kräutern vermengen.

4 In einer zweiten Pfanne restliches Olivenöl erhitzen. Eimasse hineingeben und zugedeckt bei geringer Hitze stocken lassen. Tortilla mit Hilfe eines Tellers umdrehen und die Oberseite ebenfalls braun werden lassen. Anschließend Tortilla halbieren, mit der Gemüsemischung füllen und servieren.

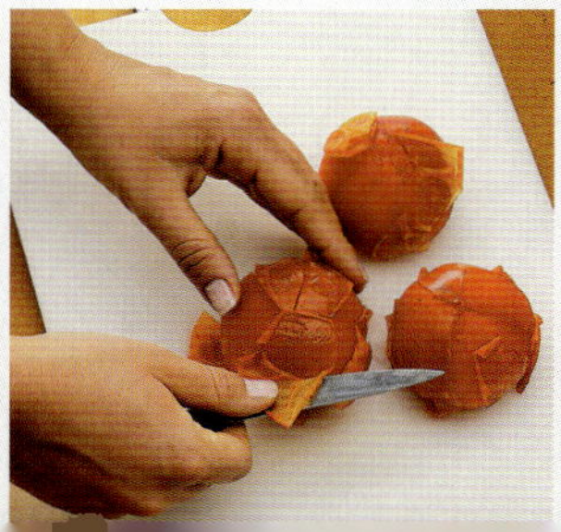

Für 4 Portionen

3 Fleischtomaten

300 g Bohnenkerne

8 Frühlingszwiebeln

1 kleine Stange Porree

3 Knoblauchzehen

250 g Chorizo

6 El Olivenöl

8 Eier

Salz, Pfeffer

1 Bund gehackte Kräuter z.B. Basilikum, Thymian, Majoran

Zubereitungszeit: ca. 20 Minuten (plus Backzeit)
Pro Portion ca. 505 kcal/2121 kJ
33 g E, 35 g F, 15 g KH

Spinat-Tomaten-Eier

Für 4 Portionen

200 g küchenfertiger Spinat
5 gewürfelte Tomaten
1 Zwiebel
1 Knoblauchzehe
Olivenöl zum Braten
Pfeffer, Salz
4 Eier
4 El geriebener Käse

Zubereitungszeit: ca. 20 Minuten (plus Backzeit)
Pro Portion ca. 139 kcal/582 kJ
11 g E, 8 g F, 5 g KH

1 Backofen auf 175 °C vorheizen. Spinat putzen, waschen und klein hacken. Zwiebel und Knoblauch schälen und klein würfeln. Etwas Olivenöl in einer hohen Pfanne erhitzen. Zwiebel und Knoblauch darin bräunen lassen.

2 Spinat hinzugeben und darin dünsten, bis er zusammenfällt. Tomaten dazufügen und alles etwa 12 Minuten köcheln lassen, bis die Masse eindickt. Mit Salz und Pfeffer würzen.

3 Mischung in 4 feuerfeste Schalen füllen, 1 flache Mulde hineindrücken und in jede ein aufgeschlagenes Ei hineingeben. Eigelb mit Käse bedecken. Das Eiweiß im Backofen stocken lassen.

Oliven-Tomaten-Eier

Für 4 Portionen

200 g Oliven
6 gewürfelte Tomaten
1 gehackte Zwiebel
1 gehackte Knoblauchzehe
Olivenöl zum Braten
Pfeffer
Salz
4 Eier
4 dünne Scheiben Serranoschinken

Zubereitungszeit: ca. 15 Minuten (plus Backzeit)
Pro Portion ca. 320 kcal/1344 kJ
13 g E, 27 g F, 7 g KH

1 Backofen auf 175 °C vorheizen. Oliven entsteinen und klein hacken. Etwas Olivenöl in einer hohen Pfanne erhitzen. Zwiebeln und Knoblauch darin bräunen lassen.

2 Oliven und Tomaten dazugeben. Alles etwa 12 Minuten köcheln lassen, bis die Masse eindickt. Mit Salz und Pfeffer würzen.

3 Die Mischung in 4 feuerfeste flache Schalen füllen, je 1 flache Mulde hineindrücken. In jede Mulde ein aufgeschlagenes Ei hineingeben. Das Eigelb mit Serranoschinken bedecken. Das Eiweiß im Backofen stocken lassen.

Sardinen-Tomaten-Eier

Für 4 Portionen

200 g küchenfertige Sardinen
6 gewürfelte Tomaten
1 gehackte Zwiebel
1 gehackte Knoblauchzehe
Olivenöl zum Braten
Pfeffer
Salz
4 Eier
4 dünne Scheiben Chorizo

Zubereitungszeit: ca. 15 Minuten (plus Backzeit)
Pro Portion ca. 236 kcal/991 kJ
21 g E, 15 g F, 5 g KH

1 Backofen auf 175 °C vorheizen. Sardinen entdarmen, waschen und klein schneiden. Mit Tomaten-, Zwiebel- und Knoblauchwürfeln in einer hohen Pfanne in etwas Olivenöl erhitzen.

2 Alles etwa 15 Minuten köcheln lassen, bis die Masse eindickt. Mit Salz und Pfeffer würzen.

3 Die Mischung in 1 feuerfeste flache Schale füllen. Mit einem Esslöffel 4 flache Mulden hineindrücken und jeweils ein aufgeschlagenes Ei hineingeben. Eigelb mit Chorizoscheiben bedecken und das Eiweiß im Backofen stocken lassen.

Chili-Tomaten-Eier

1 Den Backofen auf 160 °C vorheizen. Die Tomaten 30 Sekunden mit kochendem Wasser überbrühen, anschließend häuten, entkernen und klein schneiden.

2 Die Zwiebel und den Knoblauch schälen und klein würfeln. Die Chili und die Paprika putzen, waschen und halbieren, den Stielansatz und die Kerne entfernen und den Rest klein hacken.

3 Etwas Olivenöl in einer hohen Pfanne erhitzen. Zwiebeln darin bräunen lassen, Paprika, Chili, Knoblauch und Tomaten hinzufügen und die Masse etwa 12 Minuten köcheln lassen, bis sie eindickt. Mit Salz und Pfeffer würzen.

4 Die Mischung in 4 feuerfeste flache Schalen füllen. Mit einem Esslöffel je 1 flache Mulde hineindrücken und jeweils ein aufgeschlagenes Ei hineingeben.

5 Das Eigelb mit den Chorizo-Scheiben bedecken und das Eiweiß im Backofen stocken lassen. Vor dem Servieren mit Kräutern garnieren und mit Weißbrot servieren.

Für 4 Portionen

6 Tomaten, 1 Zwiebel

1 Knoblauchzehe

1 rote Chili

1 roter Paprika

Olivenöl zum Braten

Pfeffer, Salz, 4 Eier

4 dünne Scheiben Chorizo

Kräuter zum Garnieren

Zubereitungszeit: ca. 20 Minuten (plus Backzeit)
Pro Portion ca. 187 kcal/785 kJ
12 g E, 12 g F, 6 g KH

Tortilla

mit Spargel

Für 4 Portionen

300 g weißer Spargel

7 Stangen grüner Spargel zum Garnieren

1 Zwiebel

75 g Chorizo

3 fest kochende Kartoffeln

100 ml Olivenöl

2 El Butter

6 Eier

Salz

Pfeffer

Zubereitungszeit: ca. 25 Minuten
Pro Portion ca. 485 kcal/2037 kJ
21 g E, 33 g F, 26 g KH

1 Den Spargel waschen und schälen, anschließend in leicht gesalzenem Wasser etwa 15 Minuten bissfest garen. Abtropfen lassen und den weißen Spargel in 5 cm lange Stücke schneiden. Den grünen Spargel beiseite legen.

2 Zwiebel schälen und achteln. Chorizo häuten und in kleine Würfel schneiden. Kartoffeln schälen, waschen und in dünne Scheiben hobeln.

3 Die Hälfte des Öls mit 1 El Butter erhitzen. Kartoffeln und Zwiebeln in Portionen darin garen, ohne dass sie braun werden. Herausnehmen und abtropfen lassen. Eier verquirlen, mit Kartoffeln und Chorizo vermischen. Den Spargel unterheben, salzen und pfeffern.

4 Etwas Öl mit 1 El Butter erhitzen. Das Kartoffel-Ei-Gemisch darin 10 Minuten stocken lassen. Mit Hilfe eines Deckels Tortilla umdrehen. Anschließend etwas Öl hinzufügen, Tortilla mit dem grünen Spargel garnieren und etwa 5 Minuten weiter backen lassen.

mit Chorizo

Für 4 Portionen

1 Zwiebel

75 g Chorizo

3 fest kochende Kartoffeln

100 ml Olivenöl

2 El Butter

6 Eier

Salz

Pfeffer

Zubereitungszeit: ca. 25 Minuten
Pro Portion ca. 468 kcal/1964 kJ
19 g E, 33 g F, 24 g KH

1 Zwiebel schälen und achteln. Chorizo häuten und klein würfeln. Kartoffeln schälen, waschen und in dünne Scheiben hobeln.

2 Die Hälfte des Öls mit 1 El Butter erhitzen. Kartoffeln und Zwiebeln darin garen, herausnehmen und abtropfen lassen. Eier verquirlen, Kartoffeln und Chorizo unterheben, salzen und pfeffern.

3 Etwas Öl mit 1 El Butter erhitzen. Das Kartoffel-Eigemisch darin 10 Minuten stocken lassen. Mit Hilfe eines Deckels umdrehen, etwas Öl hinzufügen, 5 Minuten weiter backen.

Sherry-Eier

1 Die Kalbsbrühe in eine weite Pfanne gießen. Den Sherry dazugießen und alles zum Kochen bringen.

2 Das Basilikum waschen, trockenschütteln und die Blättchen von den Stielen zupfen. Die Basilikumblättchen zu dem Sud in der Pfanne geben und darin etwa 5 Minuten ziehen lassen.

3 Nacheinander 4 aufgeschlagene Eier vorsichtig in den Würzsud gleiten lassen. Die Eier darin etwa 3 Minuten garen lassen bis das Eiweiß fest ist.

4 Den Würzsud dabei über das Eigelb träufeln. Die Eier herausnehmen und in 4 vorgewärmten Schälchen anrichten.

5 Den Würzsud bei starker Hitze etwas einreduzieren lassen, anschließend über die Eier gießen.

6 Sherry-Eier mit Salz und Pfeffer würzen und mit Weißbrot servieren.

Für 4 Portionen

150 ml Kalbsbrühe

75 ml trockener Sherry

5–7 Stiele Basilikum

4 Eier

Salz

schwarzer Pfeffer

Weißbrot zum Servieren

Zubereitungszeit: ca. 10 Minuten (plus Kochzeit)
Pro Portion ca. 220 kcal / 924 kJ
18 g E, 14 g F, 1 g KH

Oliven im Teigmantel

1 Das Mehl mit den Eiern und etwas Salz glatt verrühren. Die Oliven abtropfen lassen, entsteinen und grob hacken, anschließend zum Teig geben und unterheben.

2 Den Knoblauch und die Zwiebel schälen und fein gehackt dazugeben.

3 Die Tomaten klein würfeln, mit dem Thymian und etwas Cayennepfeffer ebenfalls zum Teig geben.

4 Die Petersilie waschen, trockenschütteln und klein gehackt zu den anderen Zutaten geben. Alles gut miteinander vermischen.

5 Frittierfett auf 180 °C erhitzen. Von der Masse mit einem Esslöffel kleine Klößchen abstechen und portionsweise 5 Minuten goldbraun frittieren.

6 Herausnehmen, auf Küchenpapier abtropfen lassen und warm mit Holzspießchen servieren.

Für 4 Portionen

100 g Mehl

2 Eier

Salz

300 g schwarze Oliven

4 Knoblauchzehen

1 Zwiebel

10 getrocknete Tomaten

1 Tl Thymian

Cayennepfeffer

1/2 Bund Petersilie

Fett zum Frittieren

Holzspießchen zum Servieren

Zubereitungszeit: ca. 20 Minuten
Pro Portion ca. 513 kcal/2153 kJ
9 g E, 43 g F, 24 g KH

Für 4 Portionen

6–8 Scheiben spanisches Landbrot

2 Knoblauchzehen

4 Eier

Salz

Pfeffer

Olivenöl zum Braten

Zubereitungszeit: ca. 15 Minuten
Pro Portion ca. 212 kcal/888 kJ
11 g E, 8 g F, 23 g KH

Eier-Knoblauchbrot

1 Die Brotscheiben je nach Größe halbieren.

2 Den Knoblauch schälen und die Knoblauchzehen in hauchdünne Scheiben hobeln.

3 Die Eier mit Salz und Pfeffer verquirlen, die Knoblauchscheiben hinzufügen und unterheben.

4 Etwas Olivenöl in einer Pfanne erhitzen.

5 Die Brotscheiben in die Eimasse tauchen, sodass sie von allen Seiten gut bedeckt sind.

6 Brotscheiben im heißen Öl von beiden Seiten goldbraun braten. Herausnehmen, abtropfen lassen und warm servieren.

Andalusische Brote

1 5 El Olivenöl mit dem Sherry-Essig verrühren, mit Salz und Pfeffer würzen.

2 Die Wurst häuten, in dünne Scheiben schneiden und die Scheiben halbieren. Die Zwiebel schälen und fein hacken.

3 Restliches Öl erhitzen, Zwiebel darin anbraten, Wurst etwa 3 Minuten langsam mitbraten. Herausnehmen, in die Olivenöl-Mischung geben und vermengen.

4 Die Kichererbsen abtropfen lassen, waschen und mit Küchenpapier abtrocknen. Die Hälfte der Kichererbsen mit einer Gabel zerdrücken, anschließend alle Kichererbsen mit dem Wurstgemisch vermengen.

5 Mit Salz und Pfeffer abschmecken. Die Petersilie waschen, trockenschütteln und klein hacken, anschließend zu den anderen Zutaten dazugeben und damit vermischen. 2 Teelöffel der Masse jeweils auf ein Brotstückchen geben.

Für 4 Portionen

6 El Olivenöl

2 El Sherry-Essig

Salz

Pfeffer

250 g Chorizo

1 Zwiebel

400 g Kichererbsen (a. d. Dose)

2–3 El gehackte Petersilie

Brot zum Anrichten

Zubereitungszeit: ca. 20 Minuten
Pro Portion ca. 535 kcal/2247 kJ
20 g E, 41 g F, 23 g KH

Tortilla mit Spinat

Für 4 Portionen

500 g Spinat

4 Kartoffeln

1 große Zwiebel

Olivenöl

25 g Pinienkerne

grobes Salz

5 Eier

Zubereitungszeit: ca. 25 Minuten
Pro Portion ca. 332 kcal/1396 kJ
18 g E, 13 g F, 33 g KH

1 Spinat putzen, gründlich waschen und abtropfen lassen. Kartoffeln schälen, waschen und reiben. Zwiebel schälen, in Ringe schneiden und in etwas Öl braun braten.

2 Spinat und Kartoffeln dazugeben und unter Rühren zusammenfallen lassen. Herausnehmen und ausdrücken. Mit den Pinienkernen unter die schaumig geschlagenen Eier heben.

3 Pfanneninhalt salzen und in Öl 5 Minuten stocken lassen. Hitze reduzieren, Tortilla umdrehen und die Oberseite ebenfalls braun werden lassen. Die Tortilla in Würfel schneiden und kalt servieren.

Tortilla mit Paprika

Für 4 Portionen

750 g Kartoffeln

1 große Zwiebel

je 1 rote und grüne Paprika

Olivenöl

5 Eier

grobes Salz

Zubereitungszeit: ca. 25 Minuten
Pro Portion ca. 280 kcal/1176 kJ
15 g E, 10 g F, 31 g KH

1 Die Kartoffeln waschen, schälen und in dünne Scheiben schneiden. 1 Zwiebel schälen und in Ringe schneiden. Paprika putzen, waschen und halbieren, anschließend entkernen und in Streifen schneiden.

2 Gemüse in etwas Öl etwa 20 Minuten garen. Anschließend unter die schaumig geschlagenen Eier heben. Salzen und in einer Pfanne mit Öl etwa 5 Minuten stocken lassen.

3 Hitze reduzieren, Tortilla umdrehen und die Oberseite ebenfalls braun werden lassen. Tortilla in Rauten schneiden und warm oder kalt servieren.

Tortilla mit Auberginen

Für 4 Portionen

500 g Auberginen

1 große Zwiebel

Olivenöl

5 Eier

grobes Salz

Zubereitungszeit: ca. 25 Minuten
Pro Portion ca. 153 kcal/641 kJ
11 g E, 10 g F, 4 g KH

1 Auberginen putzen, waschen und in Scheiben schneiden, salzen und 10 Minuten ziehen lassen. Zwiebel schälen, in Ringe schneiden und in Öl anbraten. Abgetrocknete Auberginen dazugeben und in reichlich Öl goldbraun braten. Herausnehmen, gut abtropfen lassen.

2 Die Auberginen anschließend unter die schaumig geschlagenen Eier heben. Salzen und in einer Pfanne mit etwas Bratfett 5 Minuten stocken lassen.

3 Hitze reduzieren, Tortilla umdrehen und die Oberseite ebenfalls braun werden lassen. Tortilla in Dreiecke schneiden und kalt servieren.

Tortilla mit Kartoffeln

Für 4 Portionen
4 große Kartoffeln
1 große Zwiebel
100 ml Olivenöl
grobes Salz
5 Eier

Zubereitungszeit: ca. 25 Minuten
Pro Portion ca. 483 kcal/2027 kJ
14 g E, 34 g F, 31 g KH

1 Kartoffeln schälen, waschen und in 3 mm dicke Scheiben hobeln. Zwiebel schälen und in dünne Ringe schneiden.

2 Das Öl in einer beschichteten Pfanne erhitzen, Kartoffeln und Zwiebeln darin einschichten, jede Schicht salzen. Bei geringer Hitze knapp gar schmoren lassen, ab und zu umrühren. Die Kartoffeln sollen nicht braun werden. Kartoffeln abtropfen lassen, das Fett auffangen.

3 Die Eier schaumig schlagen. Kartoffeln mit der Eimasse übergießen und 10 Minuten stehen lassen.

4 2 El Bratfett in der Pfanne rauchend heiß werden lassen, Kartoffel-Ei-Masse dazugeben, glatt streichen und die Hitze reduzieren.

5 Tortilla mit Hilfe eines Tellers umdrehen und die Oberseite ebenfalls braun werden lassen. Tortilla in Dreiecke schneiden und warm oder kalt servieren.

Gemüse in Teighülle

Für 4 Portionen

2 Auberginen
gehackter Majoran
1 Zwiebel
1 Knoblauchzehe
4 Tomaten
2 El Öl
2 El gehackte Petersilie
1 El Zitronensaft
100 g Mehl
100 ml Bier
1 Msp. Backpulver
Fett zum Frittieren
Salz

Zubereitungszeit: ca. 30 Minuten (plus Frittierzeit)
Pro Portion ca. 273 kcal/1145 kJ
5 g E, 16 g F, 26 g KH

mit Tomaten-Salsa

1 Auberginen putzen, schälen und der Länge nach in 5 mm dicke Scheiben schneiden. Mit etwas Majoran bestreuen, Scheiben aufeinander schichten.

2 Für die Salsa Zwiebel und Knoblauchzehe schälen und fein hacken. Tomaten etwa 30 Sekunden mit kochendem Wasser überbrühen, anschließend häuten, entkernen und klein würfeln.Zwiebel und Knoblauch in Öl andünsten, Tomaten und Petersilie dazugeben und etwa 10 Minuten einköcheln lassen. Zitronensaft unterrühren.

3 Mehl mit Bier und Backpulver glatt verrühren. Jede Auberginenscheibe einzeln in Teig wenden, abtropfen lassen und sofort ins heiße Frittierfett geben.

4 Damit die Teighülle nicht bricht, Auberginenscheiben mit einem Holzlöffel wenden. Auberginen goldbraun backen, herausnehmen und abtropfen lassen. Erst vor dem Servieren salzen, damit die Hülle nicht weich wird.

Für 4 Portionen

1 rote Paprika
1 grüne Paprika
gehackter Majoran
100 g Mehl
100 ml Bier
1 Msp. Backpulver
Fett zum Frittieren
Salz

Zubereitungszeit: ca. 15 Minuten (plus Frittierzeit)
Pro Portion ca. 141 kcal/593 kJ
4 g E, 3 g F, 22 g KH

mit Paprika

1 Paprika waschen, halbieren, putzen und in Streifen schneiden. Mit Majoran bestreuen. Mehl mit Bier und Backpulver glatt verrühren.

2 Paprikastreifen einzeln in dem Teig wenden, abtropfen lassen und sofort ins heiße Frittierfett geben. Damit die Teighülle nicht bricht, Paprika mit einem Holzlöffel wenden.

3 Paprika goldbraun backen, herausnehmen und abtropfen lassen. Erst vor dem Servieren salzen, damit die Hülle nicht weich wird.

Käse in Teighülle

Für 4 Portionen

175 g Cabrales (Blauschimmelkäse)

3 El Mehl

700 ml Milch

2 El Butter

1 Ei

3 Scheiben Zwieback

Olivenöl zum Frittieren

1 El gehackte Petersilie

Zubereitungszeit: ca. 20 Minuten (plus Frittierzeit)
Pro Portion ca. 448 kcal/1880 kJ
20 g E, 28 g F, 30 g KH

1 Den Blauschimmelkäse mit dem Mehl und der Milch in einem Mixer fein pürieren.

2 Die Butter in einer Pfanne zerlassen. Die Käsemasse hineingeben und unter ständigem Rühren bei geringer Hitze etwa 15 Minuten darin köcheln lassen.

3 Die Käsemasse anschließend in eine Schüssel umfüllen und erkalten lassen.

4 Das Ei auf einem Teller verquirlen, den Zwieback fein reiben. Von der kalten Käsemasse mit einem Esslöffel kleine Klößchen abstechen. Klößchen zuerst in Ei und dann in Zwieback wenden.

5 Öl zum Frittieren erhitzen. Die Klößchen in Portionen darin goldbraun frittieren.

6 Herausnehmen, abtropfen lassen und mit gehackter Petersilie bestreut servieren.

Andalusische Eier

Für 4 Portionen

20 Stangen grüner Spargel

Salz

1 rote Paprika

1 Zwiebel

3 Knoblauchzehen

400 g Tomaten

2 El kalt gepresstes Olivenöl

150 g Serranoschinken

2 kleine Chorizowürste

8 Eier

1 El gehackte Petersilie

Pfeffer

Zubereitungszeit: ca. 25 Minuten (plus Backzeit)
Pro Portion ca. 365 kcal/1533 kJ
30 g E, 23 g F, 8 g KH

1 Spargel putzen, waschen und in 5 cm lange Stücke schneiden, in wenig Salzwasser 8 Minuten garen lassen. Herausnehmen und abtropfen lassen.

2 Paprika putzen, waschen und halbieren, Stielansatz und Kerne entfernen und klein würfeln. Zwiebel, Knoblauch und gehäutete Tomaten klein hacken.

3 Das Öl erhitzen, Zwiebeln und Knoblauch darin 3 Minuten anbraten. Tomaten dazugeben und 10 Minuten kochen lassen.

4 Schinken und Wurst klein würfeln und in einer zweiten Pfanne 3 Minuten langsam ausbraten, herausnehmen.

5 Backofen auf 200 °C vorheizen. Die Tomatenmischung auf 4 kleine Förmchen verteilen. Je 2 aufgeschlagene Eier darauf verteilen. Schinken, Wurst, Spargel und Paprika darüber verteilen. Mit Petersilie bestreuen, salzen und pfeffern.

6 Im vorgeheizten Backofen bei 200 °C etwa 10 Minuten backen, bis das Eiweiß gestockt, das Eigelb aber noch weich ist. Sofort mit Bauernbrot servieren.

Für 4 Portionen

2 Schalotten

4 El Olivenöl

750 g ausgepalte Dicke Bohnen

200 ml Weißwein

Salz

Pfeffer

4 Eier

geröstete Bauernbrotscheiben

Zubereitungszeit: ca. 15 Minuten (plus Backzeit)
Pro Portion ca. 320 kcal/1344 kJ
15 g E, 13 g F, 29 g KH

Bohnen mit Eiern

1 Den Backofen auf 200 °C vorheizen. Die Schalotten schälen und in sehr dünne Ringe schneiden.

2 Das Olivenöl in einer Pfanne erhitzen und die Schalotten darin glasig dünsten. Die ausgepalten Dicken Bohnen dazugeben und unter Rühren 7 Minuten mitdünsten.

3 Den Wein mit 150 ml Wasser angießen. Alles mit Salz und Pfeffer würzen und etwa 10 Minuten zugedeckt garen lassen.

4 Die Bohnenmischung anschließend auf 4 flache ofenfeste Schalen verteilen. In jede Schale 1 Ei aufschlagen, salzen und pfeffern.

5 Bohnen mit den Eiern im vorgeheizten Backofen bei 200 °C etwa 6 Minuten backen lassen, bis das Eiweiß stockt. Sofort mit geröstetem Bauernbrot servieren.

Teufelseier

1 Die Eier hart kochen, anschließend pellen. Die Chilischoten putzen, waschen und halbieren, anschließend den Stielansatz und die Kerne entfernen und die Schoten klein würfeln.

2 Den Knoblauch und die Zwiebel schälen, die Zwiebel in Ringe schneiden und den Knoblauch zerdrücken.

3 Das Öl erhitzen, Knoblauch, Ingwer und Zwiebel darin andünsten, bis die Zwiebel glasig ist. Chili, Kümmel, Salz und Zucker dazugeben und 3 Minuten weiter dünsten.

4 Abkühlen lassen, anschließend in einen Mixer geben und fein pürieren. Die heiße Brühe und die Sahne nach und nach dazugießen. Alles wieder zurück in den Topf geben und aufkochen lassen.

5 Die Eier hineinlegen, Hitze reduzieren und alles etwa 35 Minuten köcheln lassen. Die Eier kalt oder warm mit Brot servieren.

Für 4 Portionen

8 Eier
1–2 grüne Chilischoten
2 Knoblauchzehen
1 Zwiebel
2 El Olivenöl
2 Tl geriebener Ingwer
1 Tl Kreuzkümmel
Salz
etwas Zucker
300 ml Gemüsebrühe
100 ml Sahne

Zubereitungszeit: ca. 15 Minuten (plus Garzeit)
Pro Portion ca. 318 kcal/1334 kJ
17 g E, 25 g F, 7 g KH

Empanadas mit Thunfisch

Für 4 Portionen

30 g Butter, 20 g Schmalz

75 ml Weißwein

300 g Mehl, Salz

2 gehackte Zwiebeln

2 El Öl, 200 g Thunfisch

1 gewürfelte Tomate

1 geriebener Zwieback

3 El Milch, Schmalz oder Öl zum Frittieren

Zubereitungszeit: ca. 20 Minuten (plus Kühl- und Frittierzeit)
Pro Portion ca. 600 kcal/2520 kJ
18 g E, 30 g F, 63 g KH

1 Die Butter mit dem Schmalz, 75 ml Wasser und dem Wein erhitzen, aber nicht kochen lassen.

2 Topf vom Herd nehmen und Mehl sowie Salz unterrühren. Teig durchkneten und zugedeckt 2 Stunden kalt stellen. Anschließend ausrollen und Kreise ausstechen.

3 Die Zwiebeln in etwas Öl glasig dünsten. Mit dem abgetropftem Thunfisch, Tomatenwürfel, Zwieback und Milch zu einer Paste verarbeiten. Masse salzen und auf die Teigkreise verteilen. Zu Empanadas formen und frittieren.

Empanadas mit Chorizo

Für 4 Portionen

30 g Butter

20 g Schmalz

ca. 75 ml Weißwein

300 g Mehl

Salz

100 g Chorizo

2–3 El gefüllte Oliven

1 rote Paprika

Olivenöl

Schmalz oder Öl zum Frittieren

Zubereitungszeit: ca. 25 Minuten (plus Kühl- und Frittierzeit)
Pro Portion ca. 488 kcal/2048 kJ
13 g E, 23 g F, 55 g KH

1 Fett mit 75 ml Wasser und Wein erhitzen, aber nicht kochen lassen. Vom Herd nehmen und Mehl sowie Salz unterrühren. Teig durchkneten und zugedeckt 2 Stunden kalt stellen.

2 Chorizo klein würfeln und mit 2–3 El mit Paprika gefüllten Oliven vermischen. Paprika putzen, waschen und halbieren, den Stielansatz und die Kerne entfernen und klein würfeln. Mit der Wurst vermengen.

3 Teig ausrollen und 10 cm große Kreise ausstechen. Etwas Gemüse auf einer Teighälfte verteilen, die andere Hälfte darüber schlagen. Teigrand mit einer Gabel fest andrücken. Die Teigtaschen anschließend frittieren.

Empanadas mit Salsa

Für 4 Portionen

40 g Butter, 20 g Schmalz

75 ml Weißwein

300 g Mehl, Salz

2 gehackte Zwiebeln

je 1 gewürfelte Tomate und Paprika, 40 g Rosinen Chilipulver, 2 eingeweichte getrocknete Chilischoten

2 gehackte Knoblauchzehen

1 El Tomatenmark, 1 El Essig

1/2 Tl Zucker, Öl zum Frittieren

Zubereitungszeit: ca. 50 Minuten
Pro Portion ca. 545 kcal/2289 kJ
9 g E, 27 g F, 64 g KH

1 Aus 30 g Butter, Schmalz, Wein, Salz und 75 ml Wasser einen Teig für die Empanadas zubereiten, kalt stellen. 1 Zwiebel in restlicher Butter glasig dünsten, Tomate und Paprika mitgaren. 40 g Rosinen untermischen, mit Salz und Chilipulver würzen.

2 Teig ausrollen und 10 cm große Kreise ausstechen. Masse auf Teigkreise verteilen, zu Empanadas formen und in heißem Fett frittieren.

3 Chilischoten pürieren und mit Zwiebel sowie Knoblauch in Öl glasig dünsten. Mit Tomatenmark, Essig und Zucker 10 Minuten einköcheln lassen.

Empanadas mit Spinat

1 Butter mit Schmalz, 75 ml Wasser und Wein erhitzen, aber nicht kochen lassen. Vom Herd nehmen, mit Mehl und Salz verrühren. Teig durchkneten und zugedeckt 2 Stunden kalt stellen.

2 Den Knoblauch schälen und klein würfeln. Chorizo fein hacken. Den Spinat putzen, waschen und klein schneiden. Die Paprika putzen, waschen und halbieren, den Stielansatz und die Kerne entfernen und die Schote klein würfeln.

3 Etwas Öl erhitzen, Knoblauch und Chorizo darin anbraten, den Spinat dazugeben und etwa 5 Minuten mitdünsten lassen. Die Flüssigkeit einkochen lassen, die Paprika unterrühren. Herausnehmen, abtropfen lassen und mit Salz und Pfeffer würzen.

4 Teig auf etwas Mehl ausrollen, 10 cm große Kreise ausstechen. Etwas Gemüse auf einer Teighälfte verteilen, die andere Hälfte darüber schlagen. Den Teigrand mit einer Gabel fest drücken. Das Fett erhitzen und die Empanadas darin schwimmend ausbacken.

Für 4 Portionen

30 g Butter, 20 g Schmalz

75 ml Weißwein

300 g Mehl, Salz

2 Knoblauchzehen

75 g fein gewürfelter Chorizo, 500 g Spinat

1 Paprika, Öl zum Braten und Frittieren

Pfeffer, Mehl zum Ausrollen

Zubereitungszeit: ca. 30 Minuten (plus Kühl- und Frittierzeit)
Pro Portion ca. 703 kcal/2951 kJ
15 g E, 45 g F, 59 g KH

Gemüse, Pilze und Salat

Ein Korb voller farbenfroher Salate und Gemüse: Paprika, Tomaten, Artischocken und Pilze bilden die Grundlage für viele wunderbare kleine Tapas.

Marinierte Champignons

mit Chilis

Für 4 Portionen

500 g Champignons

2–5 Knoblauchzehen

1/2 Bund glatte Petersilie

2–3 Chilischoten

3 El Balsamico-Essig

2 El kalt gepresstes Olivenöl

Salz

frisch gemahlener Pfeffer

Zubereitungszeit: ca. 15 Minuten (plus Garzeit und Zeit zum Ziehen)
Pro Portion ca. 48 kcal/200 kJ
4 g E, 3 g F, 2 g KH

1 Die Champignons putzen, sauber bürsten und in dünne Scheiben schneiden. Die Knoblauchzehen schälen und klein hacken. Die Champignons in reichlich kochendem Salzwasser etwa 3–5 Minuten kochen lassen. Herausnehmen, abtropfen lassen und in einer Schüssel mit dem Knoblauch vermischen.

2 Die Petersilie waschen, trockenschütteln und die Blättchen von den Stielen zupfen. Die Chilis putzen, waschen und halbieren, den Stielansatz und die Kerne entfernen und klein gehackt zu den anderen Zutaten geben.

3 Den Essig mit dem Olivenöl und der Petersilie gut verrühren, mit Salz und Pfeffer pikant abschmecken. Das Dressing zu den Zutaten gießen, mindestens 6 Stunden ziehen lassen. Die Champignons zwischendurch umrühren oder das Gefäß schütteln.

mit schwarzen Oliven

Für 4 Portionen

500 g Champignons

2–5 Knoblauchzehen

1/2 Bund glatte Petersilie

12 schwarze Oliven

3 El Balsamico-Essig

2 El kalt gepresstes Olivenöl

Salz

frisch gemahlener Pfeffer

Zubereitungszeit: ca. 10 Minuten (plus Garzeit und Zeit zum Ziehen)
Pro Portion ca. 231 kcal/969 kJ
5 g E, 22 g F, 4 g KH

1 Champignons putzen, sauber bürsten und in dünne Scheiben schneiden. Knoblauch schälen und fein hacken. Champignons in kochendem Salzwasser etwa 3–5 Minuten kochen lassen. Herausnehmen, abtropfen lassen und mit dem Knoblauch vermischen.

2 Petersilie waschen, trockenschütteln und klein hacken. Die Oliven entsteinen, anschließend in Scheiben schneiden und darunter mischen. Essig mit Olivenöl und Petersilien-Oliven-Mischung gut verrühren, mit Salz und Pfeffer pikant abschmecken.

3 Das Dressing und die Champignons in ein Gefäß geben. Gut verschlossen 6 Stunden ziehen lassen. Die Champignons zwischendurch umrühren.

Artischockenherzen in Tomatensalsa

1 Artischocken abtropfen lassen, anschließend halbieren und beiseite stellen. Zwiebeln und Knoblauch schälen und fein hacken.

2 Tomaten 30 Sekunden mit kochendem Wasser überbrühen, anschließend häuten und halbieren, Stielansatz und Kerne entfernen, klein würfeln.

3 Öl erhitzen, Zwiebeln und Knoblauch dazugeben und glasig anbraten. Tomaten hinzugeben und etwa 8 Minuten mitschmoren. Vom Herd nehmen und erkalten lassen.

4 Sherryessig und Sherry vermischen, das Olivenöl langsam darunter schlagen und alles unter die Tomatensalsa rühren. Gehackte Kräuter unterrühren. Salsa mit Salz, Zucker und Pfeffer abschmecken, anschließend dicklich einköcheln lassen.

5 Artischockenherzen in einer flachen Form anrichten und mit der Tomatensauce übergießen. Zugedeckt mindestens 3 Stunden im Kühlschrank durchziehen lassen. Mit kräftigem Bauernbrot servieren.

Für 4 Portionen

ca. 16 Artischockenherzen a. d. Dose

2 Zwiebeln

2 Knoblauchzehen

4 Tomaten

etwas Öl zum Braten

3 El Sherryessig

50 ml trockner Sherry

4 El Olivenöl

3 El gehackte gemischte Kräuter z.B. Basilikum, Majoran, Petersilie, Thymian

Salz

1 Prise Zucker

schwarzer Pfeffer

Zubereitungszeit: ca. 25 Minuten (plus Marinier- und Garzeit)
Pro Portion ca. 81 kcal/340 kJ
3 g E, 3 g F, 7 g KH

Champignons mit Pinienkernen

1 Die Champignons putzen, sauber bürsten und in Scheiben schneiden. Die Zwiebeln schälen und in Ringe schneiden.

2 Etwas Öl in einer Pfanne erhitzen und die Zwiebeln darin unter Rühren anbraten.

3 Wenn die Zwiebeln goldbraun sind, die Champignons dazugeben und etwa 8–10 Minuten mitbraten, anschließend salzen und pfeffern.

4 Die Pinienkerne in einer zweiten Pfanne ohne Fett unter ständigem Wenden goldbraun rösten. Anschließend zu den Champignons geben und damit vermischen. Den Sherry hinzugießen und untermengen.

5 Die Petersilie waschen, trockenschütteln und klein hacken. Champignons damit bestreuen und servieren.

Für 4 Portionen

700 g große braune Champignons

2 Zwiebeln

Olivenöl zum Braten

Pfeffer

Salz

60 g Pinienkerne

50 ml trockener Sherry

etwas Petersilie zum Garnieren

Zubereitungszeit: ca. 15 Minuten (plus Bratzeit)
Pro Portion ca. 137 kcal/573 kJ
9 g E, 9 g F, 4 g KH

Für 4 Portionen
2 Chicorée
Salz
1 Knoblauchzehe
Olivenöl zum Braten
2–3 Sardellenfilets
Pfeffer
etwas frische Minze

Zubereitungszeit: ca. 15 Minuten (plus Garzeit)
Pro Portion ca. 38 kcal/158 kJ
6 g E, 1 g F, 1 g KH

Chicorée mit Sardellen

1 Den Chicorée putzen, waschen und in Salzwasser etwa 10 Minuten bissfest kochen. Herausnehmen, abtropfen lassen, anschließend der Länge nach halbieren und abkühlen lassen.

2 Den Knoblauch schälen und sehr fein hacken. Etwas Olivenöl in einer Pfanne erhitzen, den Knoblauch darin etwa 1 Minute andünsten.

3 Die Sardellenfilets abspülen, abtropfen lassen und fein pürieren. Zum Knoblauch in die Pfanne geben und unterrühren.

4 Die Chicoréehälften hinzufügen und in der Mischung etwa 5 Minuten schmoren lassen. Mit Salz und Pfeffer würzen.

5 Die frische Minze waschen, trockenschütteln und klein hacken. Chicorée in der Sauce anrichten, mit Minze bestreuen und servieren.

Eingelegte Oliven

1 Die Oliven in einem Sieb abtropfen lassen. Die Zwiebel schälen und fein hacken. Den ungeschälten Knoblauch putzen und mit einer Messerschneide flach drücken.

2 Die abgetropften Oliven rundherum bis auf den Stein der Länge nach einschneiden.

3 Die Oliven mit Zwiebeln, Knoblauch, Lorbeerblatt und Essig in einen Topf geben, mit Wasser knapp bedecken. Das Olivenöl auf das Wasser gießen.

4 Die Oliven zum Kochen bringen und etwa 4–6 Stunden langsam köcheln lassen. So lange kochen, bis die Oliven gar und das Wasser fast vollständig verdampft ist.

5 Alles in ein Glas füllen, fest verschließen und einige Tage durchziehen lassen.

Für 4 Portionen

ca. 250 g große Oliven aus dem Glas

1 große Zwiebel

3 Knoblauchzehen

1 Lorbeerblatt

3 El Olivenöl

3 El Rotweinessig

Zubereitungszeit: ca. 15 Minuten (plus Kochzeit und Zeit zum Ziehen)
Pro Portion ca. 132 kcal/554 kJ
1 g E, 12 g F, 3 g KH

Kartoffeln mit Chorizo

Für 4 Portionen

750 g kleine fest kochende Kartoffeln

Meersalz

100 g Chorizo

125 g Bauchspeck

Öl zum Braten

3 gehackte Knoblauchzehen

1/2 Bund gehackte Petersilie

Zubereitungszeit: ca. 25 Minuten (plus Gar- und Bratzeit)
Pro Portion ca. 475 kcal/1995 kJ
10 g E, 36 g F, 29 g KH

1 Kartoffeln bürsten, waschen und in sehr stark gesalzenem Wasser schwimmend 15–20 Minuten kochen lassen, anschließend abgießen.

2 Chorizo und 125 g Bauchspeck in dünne Scheiben schneiden und in etwas Öl anbraten. Knoblauch 1 Minute mitbraten, Petersilie unterheben. Alles zu den Kartoffeln geben.

3 Mit Salz bestreuen und den Topf auf dem Herd hin und her schwenken, bis sich alles gut vermischt hat. Sofort servieren.

Kartoffeln mit Knoblauch

Für 4 Portionen

750 g kleine fest kochende Kartoffeln

Meersalz

6 Knoblauchzehen

1 Zwiebel

6 El Olivenöl

1/3 Bund Rosmarin

1 El mildes Paprikapulver

Zubereitungszeit: ca. 25 Minuten (plus Gar- und Bratzeit)
Pro Portion ca. 191 kcal/803 kJ
4 g E, 5 g F, 30 g KH

1 Kartoffeln bürsten, waschen und in sehr stark gesalzenem Wasser schwimmend 15–20 Minuten kochen lassen, anschließend abgießen.

2 6 Knoblauchzehen und 1 Zwiebel schälen und fein hacken. Rosmarin waschen und trockenschütteln, Blättchen von den Stielen zupfen und klein hacken. 6 El Olivenöl erhitzen, Knoblauch, Zwiebel und Rosmarin dazugeben und unter Rühren goldbraun braten lassen.

3 Alles zu den Kartoffeln geben. Mit Salz und Paprikapulver bestreuen. Den Topf auf dem Herd hin und her schwenken, bis sich die Kartoffeln mit dem Knoblauch und dem Paprikapulver gut vermischt haben. Die Kartoffeln sofort servieren.

Kartoffeln mit Paprika

Für 4 Portionen

750 g kleine fest kochende Kartoffeln

Meersalz

3 El Olivenöl

5 gehackte Schalotten

2 gehackte Knoblauchzehen

1/3 Bund gehackte Petersilie

1 gewürfelte grüne Paprika

Zubereitungszeit: ca. 25 Minuten (plus Gar- und Bratzeit)
Pro Portion ca. 231 kcal/971 kJ
5 g E, 9 g F, 31 g KH

1 Kartoffeln bürsten, waschen und in sehr stark gesalzenem Wasser schwimmend 15–20 Minuten kochen lassen, anschließend abgießen.

2 3 El Olivenöl erhitzen, Knoblauch, Schalotten, Paprika und Petersilie darin unter Rühren goldbraun braten lassen. Alles zu den abgegossenen Kartoffeln geben. Mit Salz bestreuen.

3 Den Topf auf dem Herd hin und her schwenken, bis sich alles gut vermischt hat. Die Kartoffeln sofort servieren.

Kartoffeln mit Meersalz

1 Die Kartoffeln bürsten, waschen und in einen Topf mit sehr stark gesalzenem Wasser geben. So viel Salz hinzufügen, dass die Kartoffeln auf der Wasseroberfläche schwimmen. Wenn sie auf den Boden sacken, noch mehr Salz hinzufügen. Kartoffeln zum Kochen bringen und 15–20 Minuten kochen lassen.

2 Inzwischen Knoblauch schälen, fein hacken und zur Mayonnaise geben. Petersilie waschen, trockenschütteln und klein hacken, ebenfalls dazugeben und unterrühren.

3 Die Kartoffeln abgießen, im Topf mit Meersalz bestreuen und den Topf zurück auf den Herd stellen. Bei geringer Hitze das Salz auf den Kartoffeln kristallisieren lassen, Topf dabei ständig schwenken.

4 Sobald das Salz kristallisiert ist, Topf mit einem Küchentuch abdecken und zugedeckt 5 Minuten stehen lassen. Kartoffeln mit der Alioli servieren.

Für 4 Portionen

750 g kleine festkochende Kartoffeln

Meersalz

ca. 150 g Mayonnaise

3 Knoblauchzehen

1/3 Bund Petersilie

Zubereitungszeit: ca. 25 Minuten (plus Gar- und Bratzeit)
Pro Portion ca. 325 kcal/1365 kJ
5 g E, 21 g F, 29 g KH

Boniato-Chips

mit mojo verde

Für 4 Portionen

Öl für das Backblech

4 Süßkartoffeln

2 Eiweiß

3 El Chilipulver

1 Prise Piment

2 Knoblauchknollen

2 grüne Paprikaschote

1 El gemahlener Kreuzkümmel

250 ml Olivenöl

1 Bund glatte Petersilie

etwas Essig

Salz

Pfeffer

Zubereitungszeit: ca. 15 Minuten (plus Backzeit)
Pro Portion ca. 645 kcal/2709 kJ
6 g E, 52 g F, 40 g KH

1 Den Backofen auf 225 °C vorheizen. Ein Backblech mit etwas Öl einfetten. Die Süßkartoffeln schälen, waschen und in dünne Scheiben hobeln. Das Eiweiß mit 2 El Chilipulver und Piment gut verquirlen. Die Süßkartoffelscheiben hineingeben und damit gut vermengen, so dass sie davon rundherum überzogen sind.

2 Chips auf das gefettete Backblech legen. Im vorgeheizten Backofen bei 225 °C etwa 30–35 Minuten bräunen lassen. Inzwischen für die Mojo verde den Knoblauch schälen und in einen Mixer geben. Die Paprikaschoten putzen, waschen und halbieren, anschließend den Stielansatz und die Kerne entfernen.

3 Den Paprika grob würfeln, mit dem Kreuzkümmel zum Knoblauch geben. Alles mit dem Öl pürieren. Die Petersilie waschen, trockenschütteln und grob zerkleinert unter das Püree mixen. Mit Essig und Salz abschmecken. Kartoffeln herausnehmen und mit Salz, Pfeffer und restlichem Chilipulver bestreuen. Mit Mojo verde servieren.

Naturell

Für 4 Portionen

Öl für das Backblech

4 Süßkartoffeln

2 Eiweiß

1–2 El Chilipulver

1 Prise Piment

Pfeffer

Salz

Zubereitungszeit: ca. 15 Minuten (plus Backzeit)
Pro Portion ca. 181 kcal/760 kJ
5 g E, 1 g F, 37 g KH

1 Den Backofen auf 225 °C vorheizen. Ein Backblech mit etwas Öl einfetten. Süßkartoffeln schälen, waschen und in dünne Scheiben hobeln.

2 Eiweiß mit Chilipulver und Piment gut verquirlen. Die Süßkartoffelscheiben hineingeben und damit gut vermengen, so dass sie davon rundherum überzogen sind.

3 Chips auf das gefettete Backblech legen. Im vorgeheizten Backofen bei 225 °C etwa 30–35 Minuten bräunen lassen. Herausnehmen und mit Salz und frisch gemahlenem Pfeffer bestreuen.

Wilder Spargel

1 Den Spargel putzen, waschen und die Spitzen etwa 14 cm lang abschneiden. Restlichen Spargel anderweitig verwenden.

2 Etwas Wasser in einem Topf zum Kochen bringen und salzen. Die Spargelspitzen darin etwa 2–3 Minuten knapp bissfest garen. Herausnehmen und gut abtropfen lassen.

3 Das Ei mit der Milch kräftig verrühren. Das Öl in einer Pfanne stark erhitzen.

4 Die abgetropften Spargelspitzen im Mehl wenden, in die Ei-Milch-Mischung tauchen und sofort in sehr heißem Olivenöl goldgelb braten.

5 Herausnehmen und auf Küchenpapier abtropfen lassen. Die gebratenen Spargelspitzen salzen, pfeffern und heiß servieren.

Für 4 Portionen

600 g wilder Spargel oder grüner Spargel

Salz

1 Ei

1 El Milch

6 El Olivenöl

2 El Mehl

Pfeffer

Zubereitungszeit: ca. 15 Minuten (plus Gar- und Frittierzeit)
Pro Portion ca. 220 kcal/923 kJ
5 g E, 20 g F, 5 g KH

Bananen-, Dattel- und Backpflaumen-Spieße

1 Trockenpflaumen 2 Stunden in warmem Wasser einweichen. Mandeln etwa 1 Minute mit kochendem Wasser überbrühen, wenn sich die Schalen abschieben lassen, Mandeln abgießen und schälen.

2 Mandeln mit Küchenpapier abtrocknen und in einer Pfanne mit etwas heißer Butter goldgelb braten lassen, beiseite stellen.

3 Pflaumen abgießen, abtropfen lassen und mit Küchenpapier abtrocknen. Mit den Mandeln und einigen Pistazien füllen.

4 Datteln entkernen und ebenfalls mit Mandeln und Pistazien füllen. Bananen schälen und in Stücke schneiden.

5 Alle Früchte mit einer halben Scheibe Speck umwickeln. Speck mit einem Holzspießchen feststecken. Die Früchte auf ein Backblech legen.

6 Im vorgeheizten Backofen bei 200 °C etwa 5–10 Minuten backen lassen, bis sich der Speck goldgelb färbt. Die Spießchen schmecken am besten heiß oder warm.

Für 4 Portionen

12 Trockenpflaumen

ca. 12 ganze Mandeln

Butter

ca. 50 g geschälte Pistazien

10 Datteln

2 feste Bananen

ca. 125 g Bauchspeck in dünnen Scheiben

Holzspießchen

Zubereitungszeit: ca. 15 Minuten (plus Garzeit und Zeit zum Ziehen)
Pro Portion ca. 733 kcal/3077 kJ
17 g E, 24 g F, 109 g KH

Für 4 Portionen

2 Salatgurken

3 El Olivenöl

1 Knoblauchzehe

1 rote Peperoni

1 El Sherry-Essig

2 El Kapern aus dem Glas

1 Tl Zucker

2 El gehackte Mandeln

Salz

Pfeffer

etwas Petersilie zum Garnieren

Zubereitungszeit: ca. 15 Minuten (plus Brat- und Garzeit)
Pro Portion ca. 118 kcal/494 kJ
1 g E, 11 g F, 4 g KH

Süß-saure Gurken

1 Die Gurken putzen, waschen und abtrocknen, anschließend klein würfeln.

2 Das Öl in einer Pfanne erhitzen und die Gurkenwürfel darin 4 Minuten braun anbraten. Die Hitze reduzieren, den Knoblauch schälen und zu den Gurken in die Pfanne pressen.

3 Die Peperoni putzen, waschen und halbieren, anschließend den Stielansatz und die Kerne entfernen und fein gewürfelt zu den Gurkenwürfeln in die Pfanne geben. Alles miteinander vermischen und 3 Minuten weiter garen lassen.

4 Den Essig angießen, die Kapern abtropfen lassen und dazugeben. Den Zucker und 2 El Wasser dazufügen.

5 Die gehackten Mandeln in einer Pfanne ohne Fett unter Wenden goldbraun anrösten. Zu den anderen Zutaten dazugeben und unterrühren.

6 Alles mit Salz und Pfeffer würzen und zugedeckt 5 Minuten schmoren lassen. Die Petersilie waschen, trockenschütteln und klein hacken. Gurken mit der Petersilie bestreuen und sofort servieren.

Gefüllte Artischocken

1 Den Backofen auf 175 °C vorheizen. Aus den Weißbrotscheiben je 2 Kreise in Größe der Artischockenböden schneiden.

2 Die Artischocken abspülen, in einem Sieb abtropfen und anschließend auf Küchenpapier abtrocknen lassen. Den Thunfisch in einem Sieb ebenfalls abtropfen lassen.

3 Den Knoblauch schälen. Das Olivenöl in ein Schälchen gießen, Knoblauch dazupressen und damit gut verrühren.

4 Die Brotkreise mit dem Knoblauchöl bestreichen, anschließend auf ein Backblech legen und im vorgeheizten Backofen von beiden Seiten knusprig braun braten.

5 Die Tomaten mit einem Messer klein hacken und mit dem Thunfisch verrühren. Die Petersilie waschen, trockenschütteln und klein hacken. Petersilie zu den Tomaten hinzugeben und darunter rühren. Die Artischockenböden damit füllen und diese auf die Brotkreise setzen. Mit Schnittlauch bestreut servieren.

Für 4 Portionen

4 große Scheiben Weißbrot

8 Artischockenböden a. d. Dose

100 g Thunfisch in Sud, a. d. Dose

1 Knoblauchzehe

3 El Olivenöl

3 El geschälte Tomaten a. d. Dose

3 Stängel Petersilie

1 El Schnittlauchröllchen

Zubereitungszeit: ca. 15 Minuten (plus Backzeit)
Pro Portion ca. 199 kcal/837 kJ
7 g E, 11 g F, 17 g KH

Für 4 Portionen

6 lange Paprikaschoten

2 Zwiebeln

6 Knoblauchzehen

je 100 g gefüllte Oliven, Kapern und Rosinen

1 getrocknete Chilischote

4 El Olivenöl

3 El Tomatenpüree, Pfeffer

Zubereitungszeit: ca. 40 Minuten
Pro Portion ca. 345 kcal/1449 kJ
5 g E, 18 g F, 39 g KH

Gefüllte Paprika mit Oliven

1 Paprikaschoten in Öl garen, entdeckeln und entkernen. Die Zwiebeln und Knoblauchzehen schälen und fein hacken. Mit den Oliven, fein gehackten Kapern und Rosinen mischen.

2 Die getrocknete Chilischote entkernen und fein zerrieben dazufügen.

3 Mit dem Tomatenpüree und etwas Salz so lange köcheln lassen, bis die Flüssigkeit fast verdampft ist. Die Paprika mit der Mischung füllen und gut durchziehen lassen.

Für 4 Portionen

6 lange rote entkernte Paprikaschoten

3 El Olivenöl

2 gehackte Knoblauchzehen

Saft von 1/2 Zitrone

je 200 g milder Ziegenkäse und Frischkäse

2 gehäutete und gewürfelte Tomaten

2 El gehackter Dill

Salz, schwarzer Pfeffer

Holzspießchen zum Servieren

Zubereitungszeit: ca. 30 Minuten
(plus Marinierzeit)
Pro Portion ca. 378 kcal/1586 kJ
21 g E, 28 g F, 11 g KH

Gefüllte Paprika mit Ziegenkäse

1 Paprika putzen, der Länge nach vierteln und mit dem Knoblauch in 3 El Olivenöl in einer Pfanne erhitzen. Die Paprikastreifen darin zugedeckt etwa 10 Minuten knapp gar schmoren lassen. Anschließend im Sud abkühlen lassen.

2 Ziegenkäse mit Frischkäse pürieren. Tomaten und Dill unter die Käsemasse heben. Mit Salz und Pfeffer würzen.

3 Käsemasse auf die Paprikastreifen verteilen und die Paprikastreifen von der schmalen Seite her aufrollen. Röllchen mit einem Holzspießchen fest stecken. Den Sud darüber träufeln und mindestens 1 Stunde durchziehen lassen.

Für 4 Portionen

Je 1 große rote und grüne geviertelte Paprikaschote

1 gehackte Knoblauchzehe

4 El Olivenöl, 150 g Frischkäse, 2 El Joghurt

150 g Schafskäse

2 El Pinienkerne

2 gehäutete, gewürfelte Tomaten, geriebener Manchego-Käse, Salz, Pfeffer

Holzspießchen zum Servieren

Zubereitungszeit: ca. 45 Minuten
(plus Marinierzeit)
Pro Portion ca. 368 kcal/1544 kJ
13 g E, 34 g F, 4 g KH

Gefüllte Paprika mit Schafskäse

1 Paprika putzen, vierteln und mit dem gehackten Knoblauch in einer Pfanne in Olivenöl erhitzen. Paprika darin zugedeckt etwa 10 Minuten knapp gar schmoren lassen.

2 Den Frischkäse mit Joghurt und Schafskäse pürieren. Pinienkerne in einer Pfanne ohne Fett goldgelb rösten. Herausnehmen und zur Käsemasse geben.

3 Gehäutete und gewürfelte Tomaten und geriebenen Käse ebenfalls zugeben. Mit Salz und Pfeffer würzen, die Paprika damit füllen, einrollen und mit einem Holzspießchen feststecken. Den Sud darüber träufeln und mindestens 1 Stunde durchziehen lassen.

Gefüllte Paprika

1 Die Paprikaschoten putzen, waschen und halbieren, anschließend den Stielansatz und die Kerne entfernen. Die Paprikahälften der Länge nach vierteln.

2 3 El Olivenöl in einer Pfanne erhitzen, die Paprikastreifen darin zugedeckt etwa 10 Minuten knapp gar schmoren lassen. Anschließend im Sud abkühlen lassen. Inzwischen die Zitronenschale waschen und trocken reiben, die Schale abreiben und die Zitrone auspressen.

3 Den Ziegenkäse zerkrümeln, die Zitronenschale mit 1 El Olivenöl und eventuell etwas von dem Sud verrühren. Oregano unter die Käsemasse heben und die Masse mit Salz, etwas Zitronensaft und viel Pfeffer abschmecken.

4 Die abgekühlte Paprika etwas abtropfen lassen. Käsemasse auf die Paprikastreifen verteilen und die Paprikastreifen von der schmalen Seite her aufrollen. Röllchen mit einem Holzspießchen fest stecken. Röllchen auf einer Platte anrichten und abgedeckt mindestens 1 Stunde durchziehen lassen.

Für 4 Portionen

2 große rote Paprikaschoten

4 El Olivenöl

Saft von 1/2 Zitrone

175 g milder Ziegenkäse

2 Zweige Oregano

schwarzer Pfeffer

Holzspießchen zum Servieren

Zubereitungszeit: ca. 30 Minuten (plus Garzeit und Zeit zum Ziehen)
Pro Portion ca. 140 kcal/589 kJ
12 g E, 8 g F, 6 g KH

Flamenquines

mit Möhren

Für 4 Portionen

8 feine Möhren

Salz

8 Scheiben Kochschinken

8 dünne Scheiben junger Manchego-Käse

2 El gehackte Petersilie

2 Eier

Paniermehl zum Wenden

Öl zum Frittieren

Holzspießchen zum Servieren

Zubereitungszeit: ca. 10 Minuten (plus Gar- und Frittierzeit)
Pro Portion ca. 96 kcal/401 kJ
10 g E, 5 g F, 3 g KH

1 Möhren putzen, waschen und schälen, in wenig Salzwasser etwa 5–8 Minuten gar dünsten. Anschließend herausnehmen und abtropfen lassen.

2 Schinkenscheiben mit Käsescheiben bedecken. Möhren darauf legen und mit Petersilie bestreuen. Alles fest aufrollen und in mundgerechte Stücke schneiden.

3 Eier verquirlen, die Röllchen zuerst in Ei und anschließend in Paniermehl wenden. Öl erhitzen, die Röllchen in Portionen darin goldbraun frittieren, der Käse muss dabei schmelzen. Herausnehmen, abtropfen lassen und mit Holzspießchen warm servieren.

mit grünem Spargel

Für 4 Portionen

8 Stangen grüner Spargel

Salz

8 Scheiben Kochschinken

8 dünne Scheiben junger Manchego-Käse

2 El gehackte Petersilie

2 Eier

Paniermehl

Öl zum Frittieren

Holzspießchen zum Servieren

Zubereitungszeit: ca. 10 Minuten (plus Gar- und Frittierzeit)
Pro Portion ca. 216 kcal/907 kJ
11 g E, 17 g F, 4 g KH

1 Die Spargelstangen putzen, waschen und schälen. Anschließend in wenig Salzwasser etwa 10 Minuten bissfest dünsten. Herausnehmen und abtropfen lassen.

2 Die Schinkenscheiben mit den Käsescheiben bedecken. Die abgetropften Spargelstangen darauf legen und mit der gehackten Petersilie bestreuen. Alles zu festen Rollen formen und in mundgerechte Stücke schneiden.

3 Die Eier verquirlen, die Röllchen zuerst in Ei und anschließend in Paniermehl wenden. Öl erhitzen, die Röllchen in Portionen darin goldbraun frittieren. Der Käse muss dabei schmelzen. Herausnehmen, auf Küchenpapier abtropfen lassen und mit Holzspießchen warm servieren.

Gebackene Auberginen mit Zimt

1 Den Backofen auf 200 °C vorheizen. Die Auberginen putzen, waschen, der Länge nach halbieren und aushöhlen. Das Auberginenfleisch klein hacken und mit dem Gehackten vom Lamm vermischen.

2 Die Zwiebel und den Knoblauch schälen, fein hacken und dazugeben. Das Ei, die Petersilie und den Zimt ebenfalls hinzufügen. Alles gründlich verkneten und mit Salz und Pfeffer pikant würzen.

3 Die Auberginenhälften damit füllen und den frisch geriebenen Käse darüber streuen.

4 Das Öl in einer ofenfesten Schale erhitzen. Die Auberginenhälften hineinsetzen und die Form mit Alufolie fest verschließen.

5 Die Auberginen im vorgeheizten Backofen bei 200 °C etwa 40 Minuten backen. Nach 30 Minuten die Alufolie entfernen, damit die Füllung braun wird.

Für 4 Portionen

4 kleine Auberginen

200 g Lammhack

1 Zwiebel

3 Knoblauchzehen

1 Ei

2 El gehackte Petersilie

1/2 Tl gemahlener Zimt

Salz

Pfeffer

150 g frisch geriebener Manchego-Käse

125 ml Olivenöl

Zubereitungszeit: ca. 20 Minuten (plus Backzeit)
Pro Portion ca. 428 kcal/1796 kJ
29 g E, 31 g F, 9 g KH

Gefüllte Champignons

1 Den Backofen auf 200 °C vorheizen. Die Champignons putzen, sauber bürsten, die Stiele abdrehen und klein hacken. Die Champignons mit etwas Zitronensaft beträufeln, damit sie nicht braun werden.

2 Den Knoblauch schälen und klein hacken. 30g Butter in einer Pfanne erhitzen und den Knoblauch darin andünsten. Gehackte Pilzstiele dazufügen und unter Rühren 5 Minuten mitbraten.

3 Die Pfanne vom Herd nehmen und den Cognac, das Paniermehl und die gehackte Petersilie darunter mischen. Alles mit Salz und Pfeffer pikant abschmecken.

4 Die Champignonköpfe in eine ofenfeste Schale setzen. Die Champignons mit der Pfannenmischung füllen. Restliche Butter in Flöckchen darauf verteilen.

5 Die Champignons im vorgeheizten Backofen bei 200 °C etwa 12 Minuten goldbraun backen.

Für 4 Portionen

12 mittelgroße Champignons

Zitronensaft

4 Knoblauchzehen

40 g Butter

1 El Cognac

4 El Paniermehl

4 El gehackte Petersilie

Salz

Pfeffer

Zubereitungszeit: ca. 25 Minuten (plus Brat- und Backzeit)
Pro Portion ca. 120 kcal/504 kJ
4 g E, 9 g F, 6 g KH

Für 4 Portionen

200 g schwarze Oliven aus dem Glas

1 unbehandelte Orange

1 unbehandelte Zitrone

schwarzer Pfeffer

Zubereitungszeit: ca. 10 Minuten (plus Zeit zum Ziehen)
Pro Portion ca. 209 kcal/879 kJ
2 g E, 18 g F, 9 g KH

Oliven in Orangensaft

1 Die Oliven in einem Sieb gut abtropfen lassen, anschließend in ein verschließbares Gefäß füllen. Die Orange und die Zitrone heiß abwaschen, sorgfältig abtrocknen und die Schale abreiben.

2 Die abgeriebene Zitronen- und Orangenschale über die Oliven verteilen.

3 Die Zitrone und die Orange auspressen, 2–3 El Zitronensaft und den Orangensaft über die Oliven verteilen.

4 Alles mit viel frisch gemahlenem schwarzen Pfeffer bestreuen. Das Gefäß fest verschließen und gut durchschütteln.

5 Die Oliven vor dem Verzehr mindestens 2 Tage durchziehen lassen, zwischendurch das Gefäß mehrfach schütteln.

Porreebällchen

1 Den Porree putzen, gründlich waschen und in Scheiben schneiden. Das Öl in einer Pfanne erhitzen und den Porrée darin etwa 5 Minuten dünsten lassen.

2 Die Hühnerbrühe angießen und alles 10–15 Minuten langsam schmoren lassen.

3 Die Butter in einem Topf zerlassen, das Mehl darin goldgelb anschwitzen, anschließend die Milch unter Rühren angießen. Aufkochen und die Sauce etwa 10 Minuten durchkochen lassen.

4 Den Porree mit dem Sud zur Sauce geben, darunter mischen und abkühlen lassen.

5 Aus der Masse walnussgroße Bällchen formen und in verquirltem Ei und dann in Paniermehl wenden.

6 Das Frittierfett erhitzen und die Bällchen darin rundherum goldbraun frittieren. Anschließend herausnehmen und auf Küchenpapier abtropfen lassen. Vor dem Servieren mit Petersilie bestreuen.

Für 4 Portionen

500 g Porree

2 El Olivenöl

5 El Hühnerbrühe

20 g Butter

20 g Mehl

150 ml Milch

1 Ei

Paniermehl zum Wenden

Öl zum Frittieren

1 1/2 El gehackte glatte Petersilie

Zubereitungszeit: ca. 10 Minuten (plus Gar- und Frittierzeit)
Pro Portion ca. 310 kcal/1302 kJ
7 g E, 27 g F, 11 g KH

Für 4 Portionen

4 rote Paprika

3–4 El Olivenöl

1 El Zitronensaft

Pfeffer

Salz

4 Knoblauchzehen

Holzspießchen zum Servieren

Zubereitungszeit: ca. 15 Minuten (plus Garzeit und Zeit zum Ziehen)
Pro Portion ca. 117 kcal/489 kJ
2 g E, 10 g F, 6 g KH

Marinierte Paprika

1 Paprikaschoten im vorgeheizten Backofen bei 225 °C etwa 40 Minuten backen lassen, bis die Schale anfängt schwarz zu werden.

2 Herausnehmen, mit Folie bedeckt abkühlen lassen. Anschließend häuten, entkernen und in Stücke schneiden, den Saft aufbewahren. Den Saft mit dem Olivenöl, Zitronensaft, Pfeffer und Salz verrühren. Die Knoblauchzehen schälen und dazupressen.

3 Die Paprika mit dem Dressing vermischen und zugedeckt mindestens 2 Stunden ziehen lassen. Mit Holzspießchen sevieren.

Für 4 Portionen

500 g Schalotten

6 El Olivenöl

4 El Sherryessig

250 ml trockener Sherry

1 getrocknete Chilischote

1 Zweig Thymian

1 Lorbeerblatt

1 Tl schwarze Pfefferkörner

1 Tl Salz, Zucker

Zubereitungszeit: ca. 15 Minuten (plus Garzeit und Zeit zum Ziehen)
Pro Portion ca. 236 kcal/992 kJ
2 g E, 18 g F, 6 g KH

Marinierte Schalotten

1 Die Schalotten schälen. In einer Pfanne das Öl erhitzen und die ganzen Schalotten darin unter Rühren hellbraun anbraten. Den Sherryessig und den Sherry hinzugießen. Die Chilischote entkernen, fein zerreiben, zu den Zutaten in den Topf geben und alles sorgfältig durchrühren.

2 Den Thymian waschen, trockenschütteln und ebenfalls zu den Schalotten geben. Die Pfefferkörner etwas zerstoßen und mit dem Lorbeerblatt hinzufügen. Mit Salz und Zucker abschmecken.

3 Alles zugedeckt etwa 30 Minuten köcheln lassen. Anschließend vom Herd nehmen und die Schalotten im Topf abkühlen lassen. Die Schalotten vor dem Verzehr 24 Stunden durchziehen lassen. Mit frisch gebackenem Brot servieren.

Für 4 Portionen

12 kleine Artischockenherzen aus dem Glas

1 Zwiebel, 3 El Olivenöl

1 gewürfelte grüne Paprikaschote

1 Knoblauchzehe

Salz, Pfeffer, 1 Zweig Thymian

200 ml Sherry

1 El Sherryessig

100 g Serranoschinken

Zubereitungszeit: ca. 20 Minuten (plus Zeit zum Ziehen)
Pro Portion ca. 200 kcal/840 kJ
8 g E, 11 g F, 5 g KH

Marinierte Artischocken

1 Die Artischockenherzen abtropfen lassen. Die Zwiebel schälen, hacken und in dem Öl glasig dünsten. Paprikaschote dazufügen. Knoblauchzehe schälen und dazupressen. Mit Salz und Pfeffer würzen.

2 Den Thymian waschen und dazugeben. Mit Sherry und Sherryessig aufkochen. Die Artischockenherzen darin bei geringer Hitze 15 Minuten ziehen lassen.

3 Serranoschinken in schmale Streifen schneiden und darunter mischen. Artischocken mit dem Sud in eine Schale füllen und erkalten lassen.

Marinierte Champignons

1 Champignons putzen und sauber bürsten, anschließend in Öl anbraten.

2 Weißwein, Sherry und Zitronensaft hinzugießen. Alles etwa 5 Minuten köcheln lassen.

3 Inzwischen den Knoblauch schälen und dazu pressen. Mit Salz und Pfeffer würzen.

4 Peperoni putzen, waschen und halbieren, anschließend Stielansatz und Kerne entfernen und in dünne Ringe schneiden.

5 Mit der Petersilie unter die Champignons heben. Die Champignons heiß oder kalt servieren.

Für 4 Portionen

500 g Champignons

1 El Öl

500 ml Weißwein

5 El Sherry

1 El Zitronensaft

2–3 Knoblauchzehen

Salz, Pfeffer, 1 Peperoni

3 El gehackter Petersilie

Zubereitungszeit: ca. 15 Minuten (plus Garzeit)
Pro Portion ca. 125 kcal/526 kJ
4 g E, 1 g F, 5 g KH

Eingelegte Oliven

mit Fenchel

Für 4 Portionen

200 g grüne Oliven aus dem Glas

75 g Fenchel

etwas Fenchelgrün

6 Korianderkörner

1 El Knoblauchzehe

1 El Olivenöl

1 El Zitronensaft

Salz

schwarzer Pfeffer

Zubereitungszeit: ca. 10 Minuten (plus Zeit zum Ziehen)
Pro Portion ca. 89 kcal/375 kJ
2 g E, 8 g F, 3 g KH

1 Die Oliven abtropfen lassen und in eine Schüssel geben. Den Fenchel in sehr feine Streifen schneiden. Das Fenchelgrün waschen, trockenschütteln und sehr fein hacken. Fenchel und Fenchelgrün zu den Oliven geben.

2 Den Koriander in einem Mörser zerstoßen und dazugeben. Den Knoblauch schälen, fein hacken und mit dem Öl verrühren. Den Zitronensaft darunter rühren.

3 Mit Salz und frisch gemahlenem Pfeffer würzen und zu den Oliven geben. Alles gründlich vermischen und in ein verschließbares Gefäß geben. Gut verschlossen mindestens 48 Stunden lang durchziehen lassen.

mit Koriander

Für 4 Portionen

200 g grüne Oliven aus dem Glas

10 Korianderkörner

1 Knoblauchzehe

1 El Olivenöl

1 El Zitronensaft

Salz

schwarzer Pfeffer

Zubereitungszeit: ca. 10 Minuten (plus Zeit zum Ziehen)
Pro Portion ca. 85 kcal/356 kJ
1 g E, 8 g F, 3 g KH

1 Die Oliven abtropfen lassen und in eine Schüssel geben. Den Koriander in einem Mörser zerstoßen und dazugeben.

2 Den Knoblauch schälen, fein hacken und mit dem Öl verrühren. Den Zitronensaft darunter rühren.

3 Mit Salz und frisch gemahlenem Pfeffer würzen und zu den Oliven geben. Alles gründlich vermischen und in ein verschließbares Gefäß geben. Gut verschlossen mindestens 48 Stunden lang durchziehen lassen.

Gefüllte Datteln mit Speck

Für 4 Portionen

12 frische Datteln

125 g milder Ziegenkäse

1 Orange

1 Prise Cayennepfeffer

Meersalz

12 kleine Scheiben Speck

12 Stiele Rosmarin

2 El Öl

3 El Zitronensaft

rote Pfefferkörner

Zubereitungszeit: ca. 15 Minuten (plus Backzeit)
Pro Portion ca. 400 kcal/1680 kJ
18 g E, 19 g F, 39 g KH

1 Den Backofen auf 180 °C vorheizen. Die Datteln entkernen und der Länge nach etwas einschneiden. Den Käse in 12 Stücke teilen.

2 Die Orange heiß abwaschen, abtrocknen und mit einem Zestenreißer etwas von der Schale abziehen. Die Datteln mit dem Käse und der Orangenschale füllen, mit etwas Cayennepfeffer und Salz bestreuen.

3 Jede Dattel mit einer Scheibe Speck umwickeln und mit einem Zweig Rosmarin fest stecken.

4 Die Datteln auf ein Backblech setzen, mit etwas Öl beträufeln und im Backofen 10 Minuten backen.

5 Die heißen Datteln mit Zitronensaft beträufeln, mit rotem Pfeffer bestreuen und warm servieren.

Russischer Salat

Für 4 Portionen

3 kleine Kartoffeln

1 Möhre

1 kleine Kohlrabi, Salz

125 g TK-Erbsen

1 rote Paprika

1 El Kapern, 3 Eier

1 Eigelb, Pfeffer

Saft und abgeriebene Schale von 1/2 unbehandelten Zitrone

ca. 150 ml Öl

1 El gehackte Petersilie

Zubereitungszeit: ca. 30 Minuten (plus Garzeit)
Pro Portion ca. 403 kcal/1691 kJ
16 g E, 27 g F, 24 g KH

1 Kartoffeln, Möhre und Kohlrabi schälen, waschen und zerkleinern. Anschließend nacheinander in wenig kochendem Salzwasser bissfest garen.

2 Erbsen 1 Minute mit kochendem Wasser überbrühen. Paprika waschen, halbieren und in feine Streifen schneiden, Kapern abtropfen lassen. 3 Eier hart kochen und hacken.

3 Eigelb mit Salz, Pfeffer, Zitronensaft und -schale gut verrühren. Das Öl tropfenweise unter ständigem Rühren zufügen, bis eine Mayonnaise entsteht. Mayonnaise mit Salz und Pfeffer abschmecken.

4 Mit Gemüse und Kapern vermischen, Salat etwas ziehen lassen. Mit Petersilie und gehackten Eiern bestreuen.

Für 4 Portionen

400 g sehr dünner grüner Spargel

200 ml Hühnerbrühe

12 große küchenfertige Garnelen

2 El kalt gepresstes Olivenöl

2 Tl Zitronensaft

Salz

Pfeffer

1 Tl gehackte Petersilie

1/2 Tl Thymian

1 Tomate

2–3 mittlere Champignons

Zubereitungszeit: ca. 20 Minuten (plus Garzeit und Zeit zum Ziehen)
Pro Portion ca. 193 kcal/807 kJ
28 g E, 6 g F, 8 g KH

Spargel mit Garnelen

1 Den Spargel putzen, waschen und das Stangenende abschneiden. Die Hühnerbrühe mit 100 ml Wasser zum Kochen bringen, den Spargel hinzugeben und darin zugedeckt 5 Minuten bissfest garen lassen.

2 Gegarten Spargel herausnehmen, den Sud aufkochen und die Garnelen darin 2 Minuten garen, anschließend herausnehmen, etwas abkühlen lassen und schälen.

3 Das Öl mit dem Zitronensaft, Salz und Pfeffer verrühren, die Kräuter unterrühren. Den Spargel und die Garnelen unterheben, alles 2 Stunden abgedeckt kalt stellen

4 Die Tomate 30 Sekunden mit kochendem Wasser überbrühen, anschließend häuten, halbieren, den Stielansatz und die Kerne entfernen und klein würfeln.

5 Die Champignons putzen, sauber bürsten und in Scheiben schneiden.

6 Den Spargel mit den Garnelen anrichten, die gewürfelten Tomaten und Champignonscheiben darüber verteilen. Alles mit dem Dressing beträufeln und zimmerwarm servieren.

Getrocknete und eingelegte Minitomaten

1 Den Backofen auf 120 °C vorheizen. Die Tomaten putzen, waschen und abtrocknen, anschließend halbieren und mit der Schnittfläche nach oben auf ein Backblech setzen.

2 Die Tomatenhälften mit Meersalz bestreuen. Im vorgeheizten Backofen bei 120 °C mindestens 6 Stunden trocknen lassen, zwischendurch einmal umdrehen.

3 Wenn die Tomatenhälften vollständig getrocknet sind, herausnehmen und abkühlen lassen.

4 Die abgekühlten Tomatenhälften in ein Gefäß geben, mit kochendem Wasser übergießen und 10 Minuten ziehen lassen. Die Tomatenhälften anschließend abtropfen lassen und mit Küchenpapier sorgfältig trockentupfen. Die Tomaten mit dem Fenchelsamen vermischen und in ein verschließbares Gefäß füllen.

5 Die Peperoni leicht zerbröseln und dazugeben. Alles mit so viel Olivenöl auffüllen, dass die Tomaten davon bedeckt sind. Vor dem Verzehr mindestens 24 Stunden zugedeckt ziehen lassen.

Für 4 Portionen

250 g Minitomaten

grobes Meersalz

1 El Fenchelsamen

2 getrocknete rote Peperoni

Olivenöl

Holzspießchen zum Servieren

Zubereitungszeit: ca. 10 Minuten (plus Zeit zum Trocknen und Ziehen)
Pro Portion ca. 27 kcal/112 kJ
1 g E, 2 g F, 2 g KH

Gegrillte Auberginen

Für 4 Portionen

2 Auberginen

Salz

Öl für das Rost

3 Knoblauchzehen

3 El Paniermehl

3 El frisch geriebenem Käse

3 El Olivenöl

Zubereitungszeit: ca. 20 Minuten (plus Grillzeit)
Pro Portion ca. 62 kcal/262 kJ
3 g E, 3 g F, 7 g KH

1 Die Auberginen putzen, waschen und der Länge nach in 1 cm dicke Scheiben schneiden, salzen und 15 Minuten ziehen lassen. Anschließend waschen und abtrocknen.

2 Auf einem geölten Rost unter dem vorgeheizten Backofengrill bei 225 °C etwa 10–15 Minuten grillen. Knoblauch schälen und klein hacken. Mit Paniermehl, Käse und Olivenöl vermischen.

3 Die Auberginenscheiben herausnehmen, wenden und mit der Mischung bestreichen. Auberginenscheiben weiter grillen bis die Käsemischung braun wird. Anschließend servieren.

Gegrillte Zucchinischeiben

Für 4 Portionen

3 kleine Zucchini

Öl für das Rost

3 Knoblauchzehen

1 El frisch gehackte Minze

3–5 El Balsamessig

3–5 El kalt gepresstes Olivenöl

Zubereitungszeit: ca. 20 Minuten (plus Grillzeit)
Pro Portion ca. 42 kcal/175 kJ
2 g E, 2 g F, 3 g KH

1 Zucchini putzen, waschen und in 1 cm dicke Scheiben schneiden. Auf einem geölten Rost unter dem vorgeheizten Backofengrill bei 225 °C etwa 10 Minuten grillen, zwischendurch wenden.

2 Knoblauchzehen schälen, klein hacken und mit 1 El frisch gehackter Minze vermischen. Zucchinischeiben mit der Knoblauch-Minze-Mischung vermengen, in eine Schale legen, salzen und pfeffern.

3 Zucchinischeiben mit je 3–5 El Balsamessig und kalt gepresstem Olivenöl beträufeln. Zugedeckt mindestens 2–3 Tage im Kühlschrank marinieren lassen.

Gegrilltes Gemüse

Für 4 Portionen

je 1 rote und grüne gehäutete Paprikaschote

4 gehäutete Eiertomaten

2 kleine Zucchini

etwas Öl zum Bestreichen

2 Knoblauchzehen

3 El Öl

Zubereitungszeit: ca. 20 Minuten (plus Grillzeit)
Pro Portion ca. 89 kcal/374 kJ
3 g E, 6 g F, 6 g KH

1 Die gehäuteten Paprikaschoten entkerne und sehr klein hacken. Die gehäuteten Eiertomaten und die Zucchini in dicke Scheiben schneiden.

2 Tomaten salzen, die Zucchini mit Öl bestreichen und auf einen Rost legen. Unter dem vorgeheizten Backofengrill bei 225 °C etwa 5–10 Minuten weich grillen, zwischendurch einmal wenden.

3 Knoblauch schälen, mit dem Öl verrühren, Paprika unterheben. Alles über das Gemüse verteilen und abkühlen lassen.

Gegrillte Champignons

1 Die Limone abwaschen und abtrocknen, anschließend die Schale abreiben und die Limone auspressen. Die Peperoni putzen, waschen, halbieren, den Stielansatz und die Kerne entferne und klein hacken.

2 Den Knoblauch schälen und fein hacken. Limonenschale, -saft, Peperoni, Knoblauch und das Olivenöl in einer Schüssel vermischen. Die Petersilie waschen, trockenschütteln und fein gehackt dazufügen. Alles vermischen, salzen und pfeffern und beiseite stellen.

3 Den Backofengrill auf 225 °C vorheizen. Die Champignons putzen, sauber bürsten und auf eine Grillpfanne legen. Die Champignons unter dem vorgeheizten Backofengrill etwa 4 Minuten grillen, bis sie Saft abgeben.

4 Die Champignons wenden und weitere 4 Minuten grillen lassen. Die garen Champignons in eine vorgewärmte Schüssel geben und das Dressing darüber gießen. Die Champignons auf Zimmertemperatur abkühlen lassen und servieren.

Für 4 Portionen

1/2 Limone

1 Peperoni

3 Knoblauchzehen

75 ml kalt gepresstes Olivenöl

1/3 Bund Petersilie

16 große flache Champignons

Salz, Pfeffer

Zubereitungszeit: ca. 20 Minuten (plus Grillzeit)
Pro Portion ca. 146 kcal/612 kJ
3 g E, 14 g F, 2 g KH

Tapas mit Fleisch

Bei der Zubereitung von Tapas mit Fleisch dürfen Knoblauch und Zwiebeln, Tomaten und Kräuter auf keinen Fall fehlen. Und Oliven steuern ihr würziges Aroma bei.

Hackbällchen

mit Datteln und Mandeln

Für 4 Portionen

150 g gegarter Reis

500 g Hackfleisch vom Schwein

1 Ei

20 g geröstete Mandelstifte

Salz, Pfeffer, 125 g Datteln

1/2 Zitrone

1 El Senf

4 El Paniermehl

Olivenöl zum Braten

4 Zwiebeln

100 ml Weißwein

100 ml kräftige Fleischbrühe

2 Lorbeerblätter

Zubereitungszeit: ca. 25 Minuten (plus Garzeit)
Pro Portion ca. 655 kcal/2751 kJ
29 g E, 31 g F, 60 g KH

1 Reis mit Hack, Ei und Mandeln vermengen, salzen und pfeffern. Die Datteln entkernen, anschließend in kleine Würfel schneiden und mit dem Hackfleisch in eine Schüssel geben. Die Zitronenhälfte waschen und abtrocknen, die Schale abreiben und mit dem Senf zu den Zutaten hinzufügen.

2 Mit nassen Händen daraus kleine Klößchen formen. Die Klößchen in Paniermehl wälzen und in Öl anbraten. Die Zwiebeln schälen und klein würfeln. In wenig Öl glasig dünsten, den Wein und die Brühe angießen. Lorbeerblätter dazugeben. Alles aufkochen und etwa 10 Minuten köcheln lassen.

3 Die Klößchen in den Sud legen und etwa 15 Minuten darin ziehen lassen. Klößchen im Sud erkalten lassen und mit Brot servieren.

im würzigen Weinsud

Für 4 Portionen

150 g gegarter Reis

500 g Hackfleisch vom Schwein, 1 Ei

20 g geröstete Pinienkerne

2 Knoblauchzehen

1 gehackte rote Chilischote

Salz, Pfeffer

3–4 El Paniermehl

Olivenöl zum Braten

4 Zwiebeln

100 ml Weißwein

100 ml kräftige Fleischbrühe

2 Lorbeerblätter

Zubereitungszeit: ca. 25 Minuten (plus Garzeit)
Pro Portion ca. 570 kcal/2394 kJ
30 g E, 32 g F, 37 g KH

1 Reis mit Hack, Ei und Pinienkernen vermengen. Knoblauch schälen und dazupressen. Chili dazugeben, salzen und pfeffern. Mit nassen Händen daraus kleine Klößchen formen, in Paniermehl wälzen und in Öl anbraten.

2 Zwiebeln schälen und klein würfeln. In etwas Öl glasig dünsten, Wein und Brühe angießen. Lorbeerblätter dazugeben. Aufkochen und 10 Minuten köcheln lassen.

3 Klößchen in den Sud legen und 15 Minuten darin ziehen lassen. Klößchen im Sud erkalten lassen und servieren.

Zicklein auf Hirtenart

1 Das Fleisch in große Würfel schneiden und in Mehl wälzen. 3 Knoblauchzehen schälen und in einem großen Schmortopf in dem Öl anbraten. Herausnehmen und beiseite legen.

2 Anschließend das Fleisch in Portionen in dem Bratfett anbraten. Salzen, die Hälfte des Knoblauchs dazugeben und etwa 2 Minuten mitbraten.

3 In einer Pfanne die restlichen Knoblauchzehen mit dem Paniermehl, den gehäuteten Mandeln und der parierten Leber braten.

4 Anschließend in einen Mörser geben und zusammen mit etwas Pfeffer, Safran und dem Essig zerstoßen.

5 Diese Paste zu dem Fleisch geben. Den Sherry mit etwa 150 ml Wasser angießen.

6 Umrühren, etwa 15 Minuten schmoren lassen, bis das Fleisch zart und die Sauce dicklich wird.

Für 4 Portionen

1 kg ausgelöstes Zickleinfleisch

2–3 El Mehl

6 Knoblauchzehen

75 ml Olivenöl

Salz

2 El Paniermehl

100 g Mandeln

1 Leber vom Zicklein

Pfeffer

etwas Safran

2 El Sherryessig

175 ml Sherry

Zubereitungszeit: ca. 15 Minuten (plus Garzeit)
Pro Portion ca. 673 kcal/2825 kJ
61 g E, 39 g F, 10 g KH

Lammkoteletts mit Rosmarin

1 Die Lammkoteletts mit Küchenpapier abtrocknen. Das Olivenöl zusammen mit der Butter in einer weiten Pfanne erhitzen bis es anfängt zu rauchen.

2 Die Lammkoteletts in dem heißen Fett bei starker Hitze etwa 5 Minuten anbraten. Lammkoteletts wenden und die zweite Seite ebenfalls etwa 5 Minuten braten.

3 Inzwischen den Rosmarin waschen, trockenschütteln und die Nadeln von den Stielen zupfen. Rosmarin zu dem Fleisch in die Pfanne geben und 5 Minuten mitbraten lassen.

4 Den Knoblauch schälen, in das heiße Bratfett pressen und damit verrühren.

5 Lammkoteletts noch einmal darin wenden, salzen, pfeffern und anrichten.

Für 4 Portionen

8 kleine Lammkoteletts

3 El Olivenöl

50 g Butter

einige Stiele Rosmarin

2 Knoblauchzehen

Salz

Pfeffer

Zubereitungszeit: ca. 15 Minuten
Pro Portion ca. 605 kcal/2541 kJ
51 g E, 45 g F, 1 g KH

Für 4 Portionen

1 Schalotte

1 Tomate

40 g Schweineschmalz

500 g Rinderfilet

Salz

Pfeffer

1 großer Granatapfel

100 ml Fleischbrühe

Zubereitungszeit: ca. 15 Minuten (plus Garzeit)
Pro Portion ca. 328 kcal/1376 kJ
39 g E, 16 g F, 6 g KH

Rinderfilet mit Granatapfelsaft

1 Die Schalotte schälen und klein würfeln. Die Tomate etwa 30 Sekunden mit kochendem Wasser überbrühen, anschließend häuten, den Stielansatz und die Kerne entfernen und klein würfeln.

2 Das Schmalz in einem Bräter erhitzen. Das Fleisch darin von allen Seiten anbraten. Herausnehmen, salzen und pfeffern und beiseite stellen.

3 Die Schalotte in dem Bratfett anbraten, die Tomate hinzugeben und alles unter Rühren 5 Minuten schmoren lassen.

4 Den Granatapfel aufschneiden, das Fruchtfleisch herauslösen und in den Topf geben. Das Fleisch wieder zurück in den Bräter legen. Die Brühe angießen und das Fleisch zugedeckt bei geringer Hitze etwa 60 Minuten gar schmoren.

5 Das Fleisch herausnehmen, abgedeckt 10 Minuten ruhen lassen. Den Bratenfond einreduzieren lassen und mit Salz und Pfeffer abschmecken.

6 Das Fleisch in dünne Scheiben schneiden. Mit der Sauce übergießen und warm oder kalt servieren.

Schweinelende in Schmalz

1 Das Schweinefilet in mundgerechte Würfel schneiden. Den Knoblauch schälen und grob hacken.

2 Den Oregano waschen, trockenschütteln und die Blättchen von den Stielen zupfen. Anschließend klein hacken.

3 Die Fleischwürfel in einen Schmortopf geben. Den Knoblauch, das Lorbeerblatt, den Oregano und etwas Salz und Pfeffer dazugeben. Etwa 175 ml Wasser angießen, das Fleisch zugedeckt 10–15 Minuten köcheln lassen.

4 Die Wurst in dünne Scheiben schneiden und hinzugeben. Das Paprikapulver und das Schweineschmalz darunter heben und alles einige Minuten offen weiter köcheln lassen, bis das Fleisch zart und das Wasser verkocht ist.

5 Das Fleisch anschließend im Bratfett rundherum anbraten und sofort servieren.

Für 4 Portionen

600 g Schweinefilet

6 Knoblauchzehen

1 Zweig Oregano

1 Lorbeerblatt

Salz

Pfeffer

2 kleine Chorizos, ca. 200 g

1 Tl Paprikapulver

50 g Schweineschmalz

Zubereitungszeit: ca. 15 Minuten (plus Gar- und Bratzeit)
Pro Portion ca. 595 kcal/2499 kJ
53 g E, 42 g F, 3 g KH

Marinierte Leber

Für 4 Portionen

6 gehackte Knoblauchzehen
2 El gehackte Petersilie
1 Tl Salz, 125 ml Olivenöl
125 ml Weinessig
1 Tl Rosenpaprika
1/2 Tl Thymian
750 g Rinderleber
Öl zum Braten, Pfeffer, Kreuzkümmel

Zubereitungszeit: ca. 20 Minuten (plus Zeit zum Ziehen)
Pro Portion ca. 553 kcal/2321 kJ
39 g E, 39 g F, 12 g KH

1 Knoblauch mit Petersilie und Salz pürieren. Nach und nach Olivenöl, Essig, Paprikapulver und Thymian untermischen. Leber parieren und in Streifen schneiden, mit der Beize übergießen und über Nacht zugedeckt marinieren.

2 Anschließend in Öl von beiden Seiten braten, herausnehmen und warm stellen. Marinade in den Bratfond einrühren, etwas einkochen lassen.

3 Mit Salz, Pfeffer und Kreuzkümmel abschmecken. Leber in der Sauce anrichten und servieren.

Kalbsnierchen in Paprikasauce

Für 4 Portionen

750 g Kalbsnieren, 2 Stück
Saft von 1 Zitrone
Meersalz, Pfeffer
2 El Olivenöl
2 El gehackte Zwiebeln
2 El gehackte Petersilie
2 El Mehl, 2 El Weißwein
50 ml Hühnerbrühe
1 Lorbeerblatt
1/2 getrocknete Chilischote
Rosenpaprika

Zubereitungszeit: ca. 15 Minuten (plus Garzeit)
Pro Portion ca. 268 kcal/1124 kJ
32 g E, 13 g F, 6 g KH

1 Nieren im Zitronensaft 10 Minuten ziehen lassen, parieren und würfeln. Nierenstücke heiß waschen und abtrocknen, salzen und pfeffern.

2 In Öl rundherum anbraten, herausnehmen und warm stellen. Zwiebeln und Petersilie im Bratfett braten, bis die Zwiebel glasig ist. Mehl darin anschwitzen, Wein und Brühe angießen, Lorbeerblatt und Chilischote dazugeben, mit Paprika, Salz und Pfeffer abschmecken.

3 Unter Rühren dicklich einkochen lassen. Nieren wieder dazugeben und etwa 5 Minuten köcheln lassen. Die Nieren sollten innen noch rosa sein.

Leber mit Oregano

Für 4 Portionen

10 Knoblauchzehen
1 Bund gehackter Oregano
1/2 Tl Salz
125 ml Olivenöl
125 ml Weinessig
1 El Paprikapulver
1 getrocknete Chilischote
1 kg Schweineleber
Öl zum Braten
1 Tl Pfeffer

Zubereitungszeit: ca. 15 Minuten (plus Zeit zum Ziehen und Garzeit)
Pro Portion ca. 533 kcal/2237 kJ
49 g E, 34 g F, 8 g KH

1 Knoblauch schälen und mit Oregano pürieren. Nach und nach Salz, Olivenöl, Essig, Paprikapulver und die Chilischote untermischen.

2 Leber parieren, in Streifen schneiden und in Öl anbraten und pfeffern. Anschließend mit der Beize übergießen und über Nacht zugedeckt ziehen lassen.

3 Am nächsten Tag alles in einen Topf geben, unter Rühren aufkochen und etwa 15 Minuten schmoren lassen. Mit Pfeffer würzen und heiß mit Bauernbrot servieren.

Pikante Leber

1 Die Schweineleber parieren und in mundgerechte Streifen schneiden. Leberstreifen in etwas Mehl wenden. Öl in einer Pfanne erhitzen und die Leberstreifen darin rundherum anbraten, anschließend salzen, kräftig pfeffern und beiseite stellen.

2 Für die Majado den Knoblauch schälen und in einen Mörser oder Mixer geben. Den Oregano waschen, trockenschütteln und klein hacken. Gehackten Oregano zum Knoblauch in den Mörser bzw. Mixer geben.

3 Alles zu einem Brei zerstoßen oder im Mixer fein pürieren. Den Essig, das Olivenöl und das Paprikapulver dazugeben, unterrühren und mit Salz und Pfeffer abschmecken. Falls die Majado zu dickflüssig ist, etwas Wasser darunter rühren.

4 Die Majado über die Leber verteilen und zugedeckt über Nacht ziehen lassen. Am nächsten Tag alles in einen Topf geben, unter Rühren aufkochen und etwa 15 Minuten schmoren lassen. Noch heiß mit Weißbrot servieren.

Für 4 Portionen

1 kg Schweineleber

2–3 El Mehl, Öl zum Braten

Salz, Pfeffer

8 Knoblauchzehen

5 Zweige Oregano

125 ml Rotweinessig

125 ml Olivenöl

1 El Rosenpaprika

Zubereitungszeit: ca. 20 Minuten (plus Zeit zum Ziehen und Garzeit)
Pro Portion ca. 650 kcal/2730 kJ
50 g E, 46 g F, 10 g KH

Gedünstetes Kalbfleisch

mit Mais und Peperoni

Für 4 Portionen

750 g grob gewürfeltes Kalbsfleisch

Salz, Pfeffer

3 gehackte Knoblauchzehen

1 El gehackte Petersilie

2 El Olivenöl

1 gehackte Zwiebel

1 gehäutete und gewürfelte Tomate

1 gewürfelte Paprika

150 ml Hühnerbrühe

1 D. Mais, ca. 200 ml

1/2 Tl Kreuzkümmel

1/2 Tl Paprikapulver

1 gewürfelte grüne Peperoni

10 Eiertomaten

Zubereitungszeit: ca. 15 Minuten (plus Garzeit)
Pro Portion ca. 398 kcal/1670 kJ
45 g E, 14 g F, 22 g KH

1 Kalbfleisch mit Salz, Pfeffer, 1 Knoblauchzehe und Petersilie vermischen, etwa 60 Minuten ziehen lassen.

2 Öl erhitzen und Fleisch darin rundherum langsam anbraten. Mit Zwiebeln, 1 Tomate und Paprika weiterbraten bis die Zwiebeln und die Paprika weich sind. Brühe angießen, aufkochen und zugedeckt
40 Minuten köcheln lassen.

3 Mais in einem Sieb abtropfen lassen. Kreuzkümmel mit restlichem Knoblauch, Paprikapulver, Peperoni und 1/8 Tl Salz pürieren. Unter das Fleisch rühren. Die Tomaten 30 Sekunden mit kochendem Wasser überbrühen, anschließend häuten und klein schneiden. Tomatenstücke zum Fleisch dazugeben und alles etwa 20 Minuten weiter köcheln lassen.

4 Nach 10 Minuten den Mais darunter heben und mitköcheln lassen, bis das Fleisch gar ist. Mit Bauernbrot servieren.

mit Sauce

Für 4 Portionen

750 g grob gewürfeltes Kalbsfleisch

Salz, Pfeffer

3 gehackte Knoblauchzehen

1 El gehackte Petersilie

2 El Olivenöl

1 gehackte Zwiebel

1 gehäutete und gewürfelte Tomate

1 gewürfelte Paprikaschote

150 ml Hühnerbrühe

1/2 Tl Kreuzkümmel

1/2 Tl Paprikapulver

Zubereitungszeit: ca. 15 Minuten (plus Garzeit)
Pro Portion ca. 308 kcal/1292 kJ
42 g E, 13 g F, 6 g KH

1 Kalbfleisch mit Salz, Pfeffer, 1 Knoblauchzehe und Petersilie vermischen, etwa 60 Minuten ziehen lassen.

2 Öl erhitzen und das Fleisch darin rundherum langsam anbraten. Mit Zwiebeln, Tomate und Paprika weiterbraten bis die Zwiebeln und die Paprika weich sind. Brühe angießen, aufkochen und zugedeckt etwa 40 Minuten köcheln lassen.

3 Kreuzkümmel mit restlichem Knoblauch, Paprikapulver und 1/8 Tl Salz pürieren. Unter das Fleisch rühren und etwa 20 Minuten weiter köcheln lassen, bis das Fleisch gar ist.

Hasenspießchen mit Oliven

Für 4 Portionen

500 g Hasenfilet

1 Zweig Thymian

5 El trockener Sherry

Salz

Pfeffer

3 Orangen

2 El Sherryessig

4 El Olivenöl

12–24 grüne Oliven

Öl zum Braten

12 Holzspießchen

Zubereitungszeit: ca. 20 Minuten
Pro Portion ca. 408 kcal/1712 kJ
30 g E, 24 g F, 13 g KH

1 Das Hasenfilet in mundgerechte Würfel schneiden. Den Thymian waschen, trockenschütteln und die Blättchen abzupfen.

2 Thymianblättchen und Sherry mit den Fleischwürfeln vermischen. Salzen, pfeffern und etwas ziehen lassen.

3 Inzwischen die Orangen schälen und mit einem scharfen Messer filetieren. Die Orangenfilets mit Sherryessig, Olivenöl, Salz und Pfeffer vermischen.

4 Das Fleisch im Wechsel mit den Oliven auf die gewässerten Holzspießchen stecken.

5 Spieße auf dem Grill oder in einer Pfanne in etwas Öl rundherum etwa 5 Minuten grillen oder braten.

6 Die Spießchen mit dem Orangensud beträufeln und sofort servieren. Dazu die Orangenfilets reichen.

Kaninchen mit Safran

Für 4 Portionen

20 Safranfäden

2 rote Zwiebeln

3 Knoblauchzehen

6 El Olivenöl

12 kleine Kaninchenvorderläufe

Salz

250 ml trockener Weißwein

1 Lorbeerblatt

8 schwarze Pfefferkörner

1 Tl Paprikapulver

5 Zweige Thymian

Zubereitungszeit: ca. 15 Minuten (plus Garzeit)
Pro Portion ca. 222 kcal/931 kJ
20 g E, 9 g F, 6 g KH

1 Den Safran in 4 El heißem Wasser einweichen. Die Zwiebeln in Ringe schneiden, den Knoblauch schälen und klein hacken.

2 2 El Olivenöl erhitzen, Zwiebeln und Knoblauch darin andünsten. Herausnehmen und 4 El Olivenöl in die Pfanne geben.

3 Das Fleisch darin rundherum etwa 10 Minuten braten, herausnehmen, salzen und das Öl entfernen.

4 Den Bratensatz mit dem Wein aufkochen. Zwiebeln, Knoblauch, Lorbeerblatt und den Safran mit dem Einweichwasser hinzugeben.

5 Pfefferkörner, Paprikapulver und gewaschenen Thymian mit dem Fleisch dazugeben. Soviel Wasser hinzugießen, dass das Fleisch knapp bedeckt ist. Zugedeckt etwa 60 Minuten köcheln lassen.

6 Das Fleisch in kleinen Schälchen anrichten und die Sauce darüber verteilen. Wenn die Sauce sehr flüssig ist, vorher etwas einköcheln lassen.

Fleischspießchen

Für 4 Portionen

75 ml Olivenöl

2 El gehackte Petersilie

1 El gehackter Koriander

1 Tl scharfes Paprikapulver

2 gehackte Zwiebeln

2 gehackte Knoblauchzehen

je 300 g Lammfleisch und Schweinefilet

12 Holzspießchen

Zubereitungszeit: ca. 15 Minuten (plus Marinierzeit)
Pro Portion ca. 323 kcal/1354 kJ
39 g E, 17 g F, 3 g KH

1 Öl mit Petersilie, Koriander und Paprikapulver verrühren. Zwiebeln und Knoblauch unterheben.

2 Fleisch würfeln, in der Würzmischung zugedeckt über Nacht im Kühlschrank marinieren.

3 Aus der Marinade nehmen und auf die gewässerten Holzspießchen stecken. Grill vorheizen.

4 Die Spieße pro Seite etwa 1–2 Minuten grillen, dabei regelmäßig mit der Marinade beträufeln. Sofort mit Salsa servieren.

Lammspießchen

Für 4 Portionen

100 ml Olivenöl

2 El gehackte Petersilie

1 Tl gehackter Oregano

1 Msp. Kreuzkümmel

1 Tl scharfes Paprikapulver

1 Msp. Safran

1 gehackte Zwiebel

2 gehackte Knoblauchzehen

1 getrocknete Chilischote

600 g Lammfleisch

12–16 Holzspießchen

Zubereitungszeit: ca. 15 Minuten (plus Marinierzeit)
Pro Portion ca. 360 kcal/1512 kJ
44 g E, 19 g F, 4 g KH

1 Öl mit Petersilie, Oregano, Kreuzkümmel, Paprikapulver und Safran verrühren. Zwiebel, Knoblauch und Chilischote unterheben.

2 Fleisch würfeln, in der Würzmischung zugedeckt über Nacht im Kühlschrank marinieren.

3 Aus der Marinade nehmen und auf die gewässerten Holzspießchen stecken. Grill vorheizen.

4 Die Spieße pro Seite etwa 1–2 Minuten grillen, dabei regelmäßig mit der Marinade beträufeln. Sofort servieren.

Lammspießchen in Sauce

Für 4 Portionen

6 gehackte Knoblauchzehen

250 ml Weißwein, Salz

4 Pfefferkörner

750 g Lammfleisch

80 ml Olivenöl

1 Tl gehackter Rosmarin

1 Lorbeerblatt, 1 Bund gehackte Frühlingszwiebeln

2 große gewürfelte Kartoffeln, 200 g saure Sahne, 8 Holzspieße

Zubereitungszeit: ca. 15 Minuten (plus Garzeit)
Pro Portion ca. 567 kcal/2383 kJ
58 g E, 25 g F, 20 g KH

1 3 Knoblauchzehen mit 100 ml Wein und 75 ml Wasser, Salz und Pfefferkörnern verrühren. Fleisch grob würfeln und darin 24 Stunden ziehen lassen.

2 Herausnehmen, abtrocknen und aufspießen. In Öl zugedeckt andünsten. Restlichen Knoblauch mit Rosmarin, Lorbeerblatt, Frühlingszwiebeln und Salz dazugeben, weiter dünsten aber nicht bräunen.

3 Restlichen Wein mit 500 ml Wasser angießen. Aufkochen, bei geringer Hitze etwa 2 Stunden schmoren lassen. 20 Minuten vor Ende der Garzeit Kartoffeln und saure Sahne dazugeben. Mit Salz würzen und mit Bauernbrot servieren.

Maurische Spieße

1 Das Olivenöl in eine Schüssel geben. Den Thymian und die Petersilie waschen, trockenschütteln und klein gehackt dazugeben.

2 Das Chilipulver mit dem gemahlenem Kreuzkümmel, dem Paprikapulver und etwas Pfeffer ebenfalls dazugeben. Alles sorgfältig miteinander verrühren.

3 Das Schweinefleisch in etwa 2 x 2 cm große Würfel schneiden. Fleischwürfel zu der Würzmischung geben und damit vermischen. Zugedeckt über Nacht im Kühlschrank marinieren lassen.

4 Am nächsten Tag das Fleisch aus der Marinade nehmen und auf die gewässerten Holzspießchen stecken. Den Grill vorheizen. Die Marinade in einen Topf geben und aufkochen.

5 Die Spieße auf dem Grill etwa 5–10 Minuten braten und regelmäßig mit der Marinade beträufeln.

Für 4 Portionen

150 ml Olivenöl

1 Tl gehackter Thymian

2 El gehackte Petersilie

1 Tl Chilipulver, 2 Tl gemahlener Kreuzkümmel

1 Tl mildes Paprikapulver

Pfeffer, 700 g Schweinefleisch

12–16 Holzspießchen

Zubereitungszeit: ca. 15 Minuten (plus Marinier- und Garzeit)
Pro Portion ca. 633 kcal/2657 kJ
37 g E, 54 g F, 3 g KH

Tapas mit Geflügel

Geflügel verbindet sich besonders harmonisch mit den typisch spanischen Zutaten wie Oliven, Oregano, Zitronen, Olivenöl, Knoblauch und Sherry.

Hähnchenschenkel

andalusisch

Für 4 Portionen

6–8 Hähnchenschenkel

Salz

Pfeffer

Öl zum Braten

10 schwarze Oliven aus dem Glas

1 rote Peperoni

1 getrocknete Tomate

3 Knoblauchzehen

75 ml trockener Sherry

Zubereitungszeit: ca. 15 Minuten (plus Garzeit)
Pro Portion ca. 700 kcal/2940 kJ
42 g E, 56 g F, 4 g KH

1 Hähnchenschenkel salzen und pfeffern, anschließend in etwas Öl in einer Pfanne goldbraun anbraten. Zugedeckt etwa 30 Minuten gar schmoren, anschließend abkühlen lassen. Das Fleisch von den Knochen lösen und in grobe Stücke schneiden. Oliven abtropfen lassen, entsteinen und in Scheiben schneiden.

2 Peperoni putzen, waschen und halbieren, anschließend Stielansatz und die Kerne entfernen und klein hacken. Die Tomate klein würfeln, den Knoblauch schälen und in Scheiben schneiden.

3 Den Backofen auf 150 °C vorheizen. Hähnchenfleisch, Knoblauch, Peperoni, Tomaten und Oliven miteinander vermischen und in eine Auflaufform geben. Den Sherry darüber träufeln und das Hähnchenfleisch im vorgeheizten Backofen bei 150 °C etwa 20 Minuten backen.

mit Oliven und Sherry

Für 4 Portionen

8 Hähnchenunterschenkel

Paprikapulver

Salz

Pfeffer

Olivenöl zum Braten

175 g mit Knoblauch gefüllte Oliven

ca. 150 ml Fino Sherry

5 Stiele Petersilie

Zubereitungszeit: ca. 15 Minuten (plus Garzeit)
Pro Portion ca. 478 kcal/2006 kJ
28 g E, 35 g F, 4 g KH

1 Die Hähnchenschenkel mit dem Paprikapulver, Salz und Pfeffer würzen.

2 Das Olivenöl in einer Pfanne erhitzen und die Hähnchenschenkel darin rundherum in etwa 15–20 Minuten braun braten. Das Fleisch soll gar sein. Nach 5 Minuten die abgetropften Oliven dazugeben.

3 Sobald das Fleisch gar ist, den Sherry angießen und alles 1–2 Minuten durchkochen lassen.

4 Die Petersilie waschen, trockenschütteln und klein hacken. Hähnchenschenkel vor dem Servieren damit bestreuen.

Geflügelleber in Sherry-Essig

Für 4 Portionen

500 g Geflügelleber

1 Tl Paprikapulver

Salz

Pfeffer

50 g Butter

2 Schalotten

4 El Sherry-Essig

1 Tl Zucker

1 Knoblauchzehe

300 ml kräftige Hühnerbrühe

Zubereitungszeit: ca. 20 Minuten (plus Garzeit)
Pro Portion ca. 458 kcal/1922 kJ
45 g E, 21 g F, 21 g KH

1 Die Geflügelleber putzen, waschen und abtrocknen. Das Paprikapulver mit Salz und Pfeffer vermischen und die Geflügelleber damit einreiben.

2 Die Hälfte der Butter erhitzen und die Geflügelleber unter Rühren darin rundherum braun braten. Herausnehmen und warm halten.

3 Die Schalotten schälen und klein gewürfelt im Bratfett anbraten. Den Essig mit dem Zucker dazugeben. Den Knoblauch schälen und dazupressen.

4 Alles so lange kochen lassen, bis die Flüssigkeit fast verdampft ist.

5 Die Hühnerbrühe angießen und bei starker Hitze um die Hälfte einkochen lassen.

6 Die restliche kalte Butter in Stückchen darunter schlagen, Sauce mit Salz und Pfeffer abschmecken. Die Geflügelleber damit vermischen und servieren.

Drumsticks mit Pinienkernen

Für 4 Portionen

1 Knoblauchzehe

1 Zwiebel

2 El Olivenöl

8–10 Drumsticks

Salz

Pfeffer

2 El Sherry

50 g Pinienkerne

200 ml Weißwein

Zubereitungszeit: ca. 15 Minuten (plus Garzeit)
Pro Portion ca. 400 kcal/1680 kJ
31 g E, 26 g F, 3 g KH

1 Den Knoblauch und die Zwiebel schälen und klein würfeln. Das Olivenöl in einer Pfanne erhitzen und den Knoblauch mit der Zwiebel darin glasig dünsten.

2 Die Drumsticks rundherum salzen und pfeffern, dazugeben und rundherum braun braten. Den Sherry angießen.

3 Die Pinienkerne mit dem Wein dazugeben und alles zugedeckt langsam garen lassen.

4 Zwischendurch die Drumsticks wenden. Nach etwa 35 Minuten sind die Drumsticks gar. Das Fleisch soll fast vom Knochen fallen.

Für 4 Portionen

4 Hähnchenfilets
Salz
Pfeffer
2 Eier
2–3 El Mehl
Olivenöl zum Braten
50 g Honig
1 Tl Dijon-Senf
1 Tl Sherry-Essig

Zubereitungszeit: ca. 20 Minuten (plus Garzeit)
Pro Portion ca. 273 kcal/1145 kJ
40 g E, 7 g F, 12 g KH

Hähnchen in Honig-Senf-Sauce

1 Das Hähnchenfilet in etwa 2,5 x 2,5 cm große Würfel schneiden, anschließend in eine Schüssel geben und salzen und pfeffern.

2 Die Eier darüber aufschlagen und das Fleisch damit vermischen.

3 Das Mehl darüber stäuben und ebenfalls damit vermischen. So viel Mehl hinzugeben, dass das Fleisch nicht mehr tropft.

4 Das Olivenöl in einer Pfanne erhitzen und das Fleisch darin etwa 15 Minuten braten lassen, zwischendurch umrühren.

5 Die Pfanne vom Herd nehmen, mit Salz und Pfeffer würzen.

6 Den Honig mit dem Senf und dem Sherry-Essig verrühren und zu dem Fleisch servieren.

Hähnchen in Orangensaft

1 Das Fleisch in 2,5 x 2,5 cm große Würfel schneiden. Für die Marinade den Sherry mit 4 El Orangensaft, 2 El Olivenöl, Salz und Pfeffer verrühren. Das Fleisch damit vermischen und zugedeckt über Nacht im Kühlschrank marinieren lassen.

2 Für die Sauce die Hälfte der Marmelade mit den Rosinen und den zerkleinerten Pflaumen oder dem Pflaumenmus in einen Topf geben. Zugedeckt etwa 10 Minuten leicht köcheln lassen.

3 Den Deckel abnehmen und 5 Minuten weiter köcheln lassen. Abkühlen lassen und die restliche Marmelade darunter rühren. Die Walnüsse grob zerkleinern und mit 3 El Orangensaft und 1 El Wasser ebenfalls darunter rühren.

4 Herausnehmen und abtrocknen, die Orangenschale beiseite legen. Das Fleisch im restlichen Olivenöl rundherum etwa 5–8 Minuten gar braten lassen. Sobald das Fleisch gar aber noch saftig ist, die Orangenschale darunter rühren. Fleisch mit Sauce servieren.

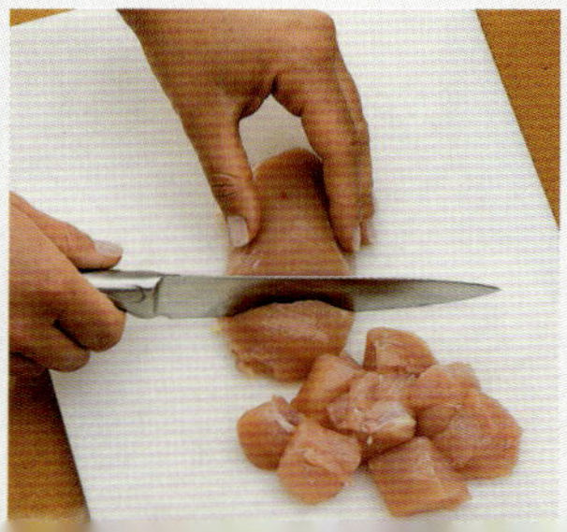

Für 4 Portionen

1 Hühnerbrust ohne Knochen und Haut, ca. 600 g

2 El halbtrockener Sherry

Saft von 1 Orange

4 El Olivenöl

Salz

Pfeffer

200 g Orangenmarmelade

1 El Rosinen

2 entsteinte Pflaumen oder Pflaumenmus

2 El Walnusskerne

Zubereitungszeit: ca. 25 Minuten (plus Marinier- und Garzeit)
Pro Portion ca. 348 kcal/1460 kJ
32 g E, 4 g F, 39 g KH

Hähnchenflügel mit Ingwersauce

Für 4 Portionen

1 El Sesamsamen

12 Hähnchenflügel

2 El frisch geriebener Ingwer

2 Knoblauchzehen

4 El Sherry

2 El Olivenöl

2 El Zucker

Zubereitungszeit: ca. 15 Minuten (plus Bratzeit)
Pro Portion ca. 365 kcal/1533 kJ
25 g E, 28 g F, 4 g KH

1 Backofen auf 175 °C vorheizen. Sesam in einer Pfanne ohne Fett goldgelb rösten, beiseite stellen.

2 Hähnchenflügel in eine feuerfeste Schüssel legen. Ingwer in eine Schüssel geben. Knoblauch schälen und dazupressen. Sherry, Olivenöl und Zucker damit gründlich verrühren.

3 Die Mischung über die Hähnchenflügel gießen und im vorgeheizten Backofen bei 175 °C etwa 25 Minuten braten lassen. Zwischendurch umrühren. Hähnchenflügel mit Sesam bestreut servieren.

Hähnchenflügel in Knoblauch

Für 4 Portionen

12 Hähnchenflügel

12 Knoblauchzehen

4 El Olivenöl

1 El Cognac

1/2 Tl Mehl

100 ml Weißwein

50 ml Hühnerbrühe

Salz

1–2 El gehackte Petersilie

etwas Safran

4 Pfefferkörner

Zubereitungszeit: ca. 20 Minuten (plus Garzeit)
Pro Portion ca. 395 kcal/1659 kJ
27 g E, 27 g F, 6 g KH

1 Hähnchenflügel im Gelenk durchschneiden. Den Knoblauch schälen und zerdrücken. Das Öl erhitzen und den Knoblauch darin leicht bräunen, anschließend herausnehmen und beiseite stellen.

2 Die Hähnchenflügel in dem Bratfett rundherum braun braten. Den Cognac angießen und flambieren. Das Mehl über die Hähnchenflügel stäuben und den Wein, die Brühe und etwas Salz darunter rühren. Zugedeckt 15 Minuten köcheln lassen.

3 Den Knoblauch mit der Petersilie, dem Safran, den Pfefferkörnern und etwas Salz zerstoßen. Anschließend zu dem Fleisch in die Pfanne geben. Durchrühren und zugedeckt 15 Minuten weiter köcheln lassen.

Hähnchenflügel in Bier

Für 4 Portionen

12 Hähnchenflügel

350 ml Bier

Salz

Pfeffer

1 1/2 Tl getr. Thymian

1 Lorbeerblatt

2 El Olivenöl

Zubereitungszeit: ca. 15 Minuten (plus Grillzeit)
Pro Portion ca. 373 kcal/1565 kJ
25 g E, 27 g F, 3 g KH

1 Die Hähnchenflügel im Gelenk durchteilen. Das Bier, mit Ausnahme von 2 El, mit Salz, Pfeffer, 1 Tl Thymian und dem Lorbeerblatt verrühren. Die Hähnchenflügel darin mindestens 2 Stunden marinieren lassen, zwischendurch wenden.

2 Das restliche Bier mit dem restlichen Thymian und dem Olivenöl verrühren. Die Hähnchenflügel auf Küchenpapier abtropfen lassen und auf einen Grillrost legen. Mit der Ölmischung bestreichen und mit Salz und Pfeffer würzen.

3 Unter dem vorgeheizten Backofengrill 5 Minuten braun grillen. Umdrehen und 5 Minuten weiter grillen lassen.

Gekräuterte Hähnchenflügel

1 Die Hähnchenflügel mit Salz und Pfeffer würzen, anschließend in Mehl wälzen. Das Olivenöl erhitzen und die Hähnchenflügel darin etwa 5 Minuten goldbraun frittieren. Herausnehmen und beiseite legen.

2 Den Knoblauch schälen, die Zehen zerdrücken. Die Kräuter waschen und trockenschütteln. Die Zwiebel schälen und in Ringe schneiden. Knoblauch, Zwiebeln, Lorbeerblatt und Thymian in dem Bratfett frittieren. Sobald die Zwiebeln braun werden, die Petersilie und das Paprikapulver dazugeben.

3 Sofort den Weißwein angießen, alles 5 Minuten köcheln lassen, anschließend den Honig unterrühren. Alles kochendheiß über die Hähnchenflügel gießen. Hähnchenflügel einige Stunden durchziehen lassen, zwischendurch umrühren.

4 Vor dem Servieren die Hähnchenflügel wieder erhitzen und heiß servieren.

Für 4 Portionen

12 Hähnchenflügel

Salz, Pfeffer, 1–2 El Mehl

250 ml Olivenöl

1/2 Knoblauchknolle

2 Zweige Thymian

1 Stiel Petersilie, 2 Zwiebeln

1 Lorbeerblatt, 1 El Paprikapulver

125 ml Weißwein

1 El Honig

Zubereitungszeit: ca. 25 Minuten (plus Garzeit)
Pro Portion ca. 563 kcal/2363 kJ
26 g E, 49 g F, 5 g KH

Entenkeulen

in fruchtiger Sauce

Für 4 Portionen

4–6 Entenkeulen

Salz, Pfeffer, 1 Zwiebel

4 Knoblauchzehen

2 Möhren

1 Orange

1 El Butterschmalz

1 Tl Mehl

1 Lorbeerblatt

1 getrocknete Chilischote

500 ml trockener Weißwein

175 g Grüne Oliven

Zucker

1 El Weinessig

Zubereitungszeit: ca. 25 Minuten (plus Bratzeit)
Pro Portion ca. 558 kcal/2342 kJ
28 g E, 40 g F, 13 g KH

1 Den Backofen auf 225 °C vorheizen. Die Entenkeulen salzen und pfeffern. Die Zwiebel und den Knoblauch schälen und fein hacken. Die Möhren schälen und in Scheiben schneiden. Die Orange heiß abwaschen, abtrocknen und in Scheiben schneiden.

2 Entenkeulen in heißem Butterschmalz anbraten. Zwiebeln, Knoblauch und Möhren kurz mitbraten. Alles mit Mehl bestäuben. Lorbeerblatt, Chilischote und Orangenscheiben dazugeben. Im vorgeheizten Backofen bei 200 °C etwa 20 Minuten knusprig braten. Den Wein angießen und etwa 20 Minuten weiter garen.

3 Oliven entkernen und in Scheiben schneiden. Lorbeerblatt, Chilischote und Orangenscheiben aus dem Bräter nehmen. Sauce um 1/3 einkochen, Oliven darin erwärmen. Sauce mit Salz, Pfeffer, Zucker und Essig abschmecken. Die Keulen damit anrichten.

in Aprikosen-Korinthen-Sauce

Für 4 Portionen

2–4 Entenkeulen, ca. 500 g

Salz

Pfeffer

1 El Butterschmalz

2 gehackte rote Zwiebeln

100 g Korinthen

100 g getrocknete Aprikosen

175 ml Cream-Sherry

2 Äpfel

1 Prise Zimt

Zitronensaft

Zubereitungszeit: ca. 25 Minuten (plus Bratzeit)
Pro Portion ca. 548 kcal/2299 kJ
21 g E, 26 g F, 42 g KH

1 Backofen auf 225 °C vorheizen. Entenkeulen salzen und pfeffern. Entenkeulen in einem Bräter in heißem Butterschmalz anbraten. Zwiebeln kurz mitbraten.

2 Im vorgeheizten Backofen bei 175 °C etwa 40 Minuten knusprig braten, zwischendurch etwas Wasser angießen.

3 Korinthen und Aprikosen im Sherry einweichen. Eingeweichtes Obst im Bratenfond aufkochen. Äpfel schälen, entkernen und in den Bratenfond reiben. Sauce einkochen lassen und mit Salz, Pfeffer, Zimt und Zitronensaft abschmecken.

Hähnchen mit Chorizo und Peperoni

1 Das Hähnchenfilet und die Chorizo in kleine Würfel schneiden. Die Paprikaschoten halbieren, entkernen und in dünne Streifen schneiden.

2 Den Schnittknoblauch waschen, trockenschütteln und mit der Küchenschere in feine Röllchen schneiden.

3 Die Orange waschen, abtrocknen und die Schale dünn abreiben. 1/2 Orange auspressen.

4 In einer Schüssel das Hähnchenfleisch mit Wurstwürfeln, Paprika, 2/3 des Schnittknoblauchs, Orangenschale und -saft und 2 El Olivenöl vermischen.

5 Restliches Olivenöl in einer Pfanne erhitzen und die Fleischmischung portionsweise darin rundherum etwa 7 Minuten braten, bis das Fleisch gar ist.

6 Mit Pfeffer und Salz würzen und mit dem restlichen Schnittknoblauch bestreut servieren.

Für 4 Portionen

400 g Hähnchenfilet

100 g Chorizo

3 Paprikaschoten

1 Bund Thai-Schnittknoblauch

1 Orange

4 El Olivenöl

Salz

Pfeffer

Zubereitungszeit: ca. 20 Minuten (plus Garzeit)
Pro Portion ca. 345 kcal/1449 kJ
31 g E, 21 g F, 8 g KH

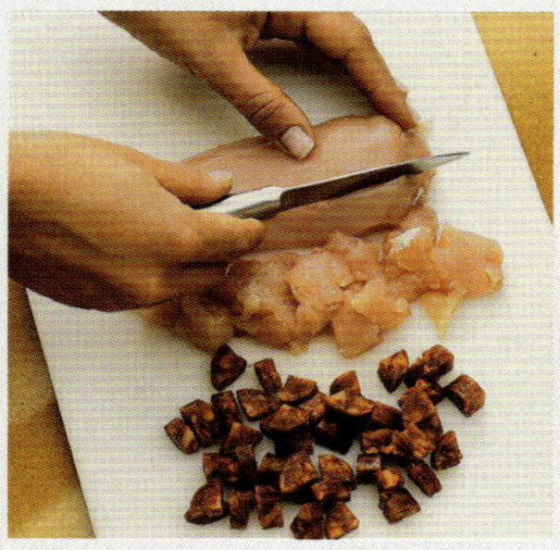

Hähnchenspieße

1 Die Krebse in kochendes, leicht gesalzenes Wasser geben und etwa 5 Minuten kochen, bis sie sich rosa färben.

2 Herausnehmen, abkühlen lassen und die Scheren mit einer Drehbewegung vom Körper lösen. Das Fleisch herausschälen und in Stücke schneiden.

3 Das Hähnchenfilet in mundgerechte Würfel schneiden und 6 Minuten im Wein pochieren. Herausnehmen und abkühlen lassen.

4 Für die Knoblauchmayonnaise die Tomaten in einen Mixer geben. Den Knoblauch schälen und dazu pressen. Mit Salz und Pfeffer würzen und pürieren. Die Mayonnaise dazugeben und untermixen.

5 Das Fleisch im Wechsel mit dem Krebsfleisch auf die Spießchen stecken und anrichten. Mit der Tomaten-Knoblauch-Mayonnaise servieren.

Für 4 Portionen

2 frische Taschenkrebse (à ca. 700 g) oder Langusten

Salz

500 g Hähnchenfilet

100 ml trockner Weißwein

100 g Tomaten (a. d. Dose)

2 Knoblauchzehen

Pfeffer

200 g Mayonnaise

8–12 Holzspießchen

Zubereitungszeit: ca. 25 Minuten (plus Garzeit)
Pro Portion ca. 535 kcal/2247 kJ
67 g E, 24 g F, 7 g KH

Wachteln mit Vinaigrette

Für 4 Portionen

4 küchenfertige Wachteln

Salz

Pfeffer

150 g Weintrauben ohne Kern

100 ml Olivenöl

4 Zwiebeln

10 Knoblauchzehen

2 Lorbeerblätter

6 El Sherry-Essig

16 Scheiben durchwachsenen Speck

Zitronenspalten zum Garnieren

Zubereitungszeit: ca. 20 Minuten (plus Garzeit)
Pro Portion ca. 458 kcal/1922 kJ
38 g E, 28 g F, 12 g KH

1 Die Wachteln salzen und pfeffern. Die Weintrauben schälen und halbieren.

2 In einem Bräter die Hälfte des Öls erhitzen und die Wachteln darin anbraten. Die Zwiebeln und den Knoblauch schälen und klein hacken.

3 In einer Pfanne das restliche Öl erhitzen und Zwiebeln und den Knoblauch darin glasig dünsten. Die Lorbeerblätter dazugeben und 1 Minute mitbraten.

4 Den Pfanneninhalt mit Salz, Pfeffer und dem Essig zu den Wachteln geben und anschließend in der gleichen Pfanne die Speckscheiben braten.

5 Die Wachteln zugedeckt langsam gar schmoren lassen. Die Wachteln vierteln und jedes Stück mit einigen Weintrauben und einer Speckscheibe garnieren. Dazu Zitronenspalten servieren.

Hähnchenfilet in Sherry

1 Das Hähnchenfilet in etwa 3 x 3 cm große Würfel schneiden. Salzen, pfeffern und rundherum in etwas Mehl wenden.

2 Das Olivenöl erhitzen und das Fleisch darin portionsweise rundherum anbraten, herausnehmen und beiseite stellen.

3 Das Bratfett entfernen, den Bratenfond mit dem Sherry und der Hühnerbrühe loskochen.

4 Den Knoblauch schälen und dazupressen. Den Thymian waschen und dazugeben, Sauce offen auf 1/3 einkochen lassen.

5 Das Fleisch wieder in die Pfanne zurückgeben und etwa 10 Minuten mitköcheln lassen.

6 Die Oliven in Scheiben schneiden und 5 Minuten in der Fleischpfanne erhitzen. Mit Bauernbrot servieren.

Für 4 Portionen

600 g Hähnchenfilet

Salz

Pfeffer

1–2 El Mehl

2 El Olivenöl

250 ml trockener Sherry

125 m Hühnerbrühe

2 Knoblauchzehen

1 Zweig Thymian

75 g mit Paprika gefüllte Oliven

Zubereitungszeit: ca. 15 Minuten (plus Garzeit)
Pro Portion ca. 255 kcal/1071 kJ
36 g E, 5 g F, 3 g KH

Hähnchen in Cava

Für 4 Portionen

500 g Hähnchenfilet

Salz, Pfeffer

2 El Mehl

4 El Olivenöl

350 ml Cava oder Schaumwein

1/2 Zitrone

etwas Piment

Zubereitungszeit: ca. 15 Minuten (plus Garzeit)
Pro Portion ca. 333 kcal/1397 kJ
30 g E, 13 g F, 8 g KH

1 Hähnchenfilet in Würfel schneiden. Mit Salz und Pfeffer würzen und mit dem Mehl bestäuben. Das Olivenöl in einer Pfanne erhitzen und das Fleisch darin rundherum anbraten lassen.

2 Den Cava dazugießen, die Zitrone auspressen. Zitronensaft ebenfalls dazugeben und die Hitze reduzieren.

3 Mit Salz, Pfeffer und etwas Piment würzen und zugedeckt etwa 15 Minuten köcheln lassen. Das Fleisch zwischendurch umrühren und heiß servieren.

Hähnchen mit Aioli

Für 4 Portionen

500 g Hähnchenfilet

1–2 Knoblauchzehen

100 ml trockener Weißwein

100 ml Olivenöl

2 Lorbeerblätter

1/2 gewürfelte rote Peperoni

1 Tl getr. Thymian

1/2 Tl Kreuzkümmel

Salz, Pfeffer

6 Stiele Petersilie

5 El Paniermehl, 200 g Aioli

Zubereitungszeit: ca. 15 Minuten
Pro Portion ca. 450 kcal/1890 kJ
38 g E, 27 g F, 11 g KH

1 Das Hähnchenfilet in Streifen schneiden. Den Knoblauch schälen und fein hacken. Den Wein mit Öl, Lorbeer, Peperoni, Thymian, Kreuzkümmel, Salz und Pfeffer vermischen. Anschließend die Hähnchenstreifen in diese Marinade geben und vermengen.

2 Die Petersilie waschen, trockenschütteln und klein hacken, anschließend mit dem Paniermehl vermischen.

3 Den Grill auf höchster Stufe vorheizen. Das Hähnchenfilet auf einem Rost unter den vorgeheizten Grill schieben und in etwa 5 Minuten braun und gar grillen. Zwischendurch das Fleisch wenden. Hähnchenstreifen mit der Aioli servieren.

Hähnchen in Tomatensauce

Für 4 Portionen

500 g Hähnchenfilet

Salz

Pfeffer

4 El Olivenöl

1 Dose Tomaten (ca. 600 g)

2 Knoblauchzehen

150 ml Sherry

Zubereitungszeit: ca. 15 Minuten
Pro Portion ca. 298 kcal/1249 kJ
30 g E, 13 g F, 4 g KH

1 Hähnchenfilet in Würfel schneiden, anschließend mit Salz und Pfeffer würzen. Olivenöl erhitzen und das Fleisch darin rundherum etwa 10 Minuten braten lassen. Fleisch herausnehmen und beiseite stellen.

2 Die Tomaten grob zerkleinern und in die Pfanne geben. Den Knoblauch schälen und dazu pressen. Den Sherry angießen und alles 10 Minuten bei mittlerer Hitze offen einkochen lassen.

3 Nach etwa 5 Minuten das Fleisch wieder hinzugeben und mitkochen lassen.

Hähnchen in Cream-Sherry mit Champignons

1 Das Hähnchenfilet in kleine Würfel schneiden. Die Champignons putzen, sauber bürsten und vierteln.

2 Das Hähnchenfilet in heißem Olivenöl unter Rühren etwa 5 Minuten braten lassen.

3 Die zerkleinerten Champignons dazugeben und etwa 2 Minuten mitbraten lassen.

4 Den Sherry und die Sahne dazugießen, aufkochen und etwa 1 Minute durchkochen lassen.

5 Mit Zitronensaft, Salz und Pfeffer abschmecken und mit der Petersilie verrühren. Die Petersilie waschen, trockenschütteln und klein hacken. Alles mit der Petersilie bestreuen und mit Brot servieren.

Für 4 Portionen

500 g Hähnchenfilet

250 g Champignons

4 El Olivenöl

150 ml Cream-Sherry

150 ml Sahne

1 1/2 El Zitronensaft

Salz, Pfeffer

Petersilie zum Garnieren

Zubereitungszeit: ca. 20 Minuten (plus Garzeit)
Pro Portion ca. 400 kcal/1680 kJ
33 g E, 24 g F, 3 g KH

Fisch und Meeresfrüchte

Gambas, Stockfisch und Sardinen gehören zu den beliebtesten Tapas überhaupt. Gewürzt mit Chilis und Knoblauch werden sie traditionell in dem Geschirr gereicht, in dem sie zubereitet werden, meistens eine Form aus Gusseisen oder glasiertem Ton.

Seeteufel-Spießchen

nach maurischer Art

Für 4 Portionen

500 g Seeteufel
Meersalz
1 rote Paprika
8 geschälte Gambas
etwas Olivenöl
Pfeffer
scharfes Paprikapulver
8 Holzspieße

Zubereitungszeit: ca. 20 Minuten (plus Zeit zum Ziehen)
Pro Portion ca. 167 kcal/702 kJ
30 g E, 4 g F, 2 g KH

1 Fisch in 4 cm große Stücke schneiden, anschließend mit Salz einreiben und 15 Minuten beiseite stellen. Paprika putzen, waschen und halbieren, Stielansatz und Kerne entfernen, anschließend in 12 Streifen schneiden.

2 Fisch, Gambas und Paprika auf Spieße stecken, mit Fisch abschließen. Mit etwas Öl bestreichen und mit Pfeffer bestreuen.

3 Unter dem heißen Grill etwa 2 Minuten grillen, umdrehen, wieder mit etwas Öl bestreichen und mit dem Paprikapulver bestreuen, 2 Minuten weiter grillen lassen.

mit Knoblauch und Sherry

Für 4 Portionen

100 g Rosinen
ca. 30 Safranfäden
500 g Seeteufel
Meersalz
8 Knoblauchzehen
4 El Olivenöl
150 ml Sherry
2 Lorbeerblätter
Salz
Pfeffer
8 Holzspieße
Limettenscheiben zum Anrichten

Zubereitungszeit: ca. 25 Minuten (plus Zeit zum Ziehen)
Pro Portion ca. 400 kcal/1680 kJ
26 g E, 20 g F, 22 g KH

1 Die Rosinen in warmem Wasser quellen lassen. Den Safran in 3 El kochendem Wasser einweichen. Den Seeteufel waschen, trocknen und in etwa 4 cm große Stücke schneiden. Mit Salz einreiben und 15 Minuten beiseite stellen, damit das Fischfleisch schön fest wird. Anschließend auf Spieße stecken.

2 Den Knoblauch schälen. Das Öl in einer Pfanne erhitzen und die Spieße darin rundherum anbraten. Spieße herausnehmen und beiseite stellen.

3 In dem Bratfett den Knoblauch goldbraun braten, den Sherry angießen und Lorbeer, Safranwasser und die abgetropften Rosinen dazugeben. Alles aufkochen und die Spieße wieder hineinlegen. Alles etwa 5 Minuten köcheln und den Alkohol verdampfen lassen. Mit Salz und Pfeffer würzen. Die Spieße mit Sauce beträufeln und auf Limettenscheiben anrichten.

Gefüllte Sardinen

Für 4 Portionen

2 rote Paprikaschoten

125 g Butter

1 kg frische Sardinen

Meersalz

2 El Paniermehl

4 El Olivenöl

40 g Butter

Zubereitungszeit: ca. 30 Minuten (plus Garzeit)
Pro Portion ca. 570 kcal/2394 kJ
50 g E, 39 g F, 6 g KH

1 Die Paprikaschoten waschen, halbieren, putzen und in dünne Streifen schneiden.

2 80 g Butter in einer Pfanne zerlassen und die Paprikastreifen darin langsam weich dünsten.

3 Die Sardinen säubern, die Köpfe abschneiden, die Gräten und Eingeweide sorgfältig entfernen. Die Fische vorsichtig waschen und abtropfen lassen.

4 Den Backofen auf 180 °C vorheizen. Sardinen mit Meersalz bestreuen, mit dem Paprika füllen und fest zusammen drücken.

5 Die Sardinen dicht aneinander in eine ofenfeste Form legen, die restlichen Paprikastreifen mit dem Olivenöl darüber verteilen.

6 Alles mit Paniermehl bestreuen. Die restliche Butter in Flöckchen darauf setzen und das Ganze etwa 15–20 Minuten backen.

Stockfisch-Kroketten

Für 4 Portionen

400 g Stockfisch

400 g Kartoffeln

3 Knoblauchzehen

1 Bund Petersilie

40 g Pinienkerne

etwas Öl

Pfeffer

Salz

etwas Paprikapulver

3 Eier

Mehl zum Panieren

Paniermehl

Öl zum Frittieren

Zubereitungszeit: ca. 30 Minuten (plus Zeit zum Wässern und Garzeit)
Pro Portion ca. 558 kcal/2342 kJ
87 g E, 15 g F, 18 g KH

1 Den Fisch 24 Stunden in kaltem Wasser wässern, Wasser zwischendurch wechseln. Anschließend abtropfen lassen, zerbröckeln und alle Gräten entfernen.

2 Die Kartoffeln waschen und in Wasser 20 Minuten garen, pellen und pürieren. Den Knoblauch schälen und klein hacken, die Petersilie waschen, trockenschütteln und fein hacken. Pinienkerne in einer Pfanne in etwas Öl goldbraun braten.

3 Fisch, Kartoffelpüree, Knoblauch, Petersilie und Pinienkerne mit Pfeffer, Salz und Paprikapulver würzen und gründlich verkneten, 15 Minuten ruhen lassen.

4 Die Eier verquirlen, Mehl mit Paniermehl in einem zweiten Teller vermischen.

5 Mit nassen Händen aus der Fischkartoffel-Masse kleine Kroketten formen. Zuerst in Panade, danach in Ei und wieder in Panade wälzen.

6 Das Öl zum Frittieren erhitzen und die Kroketten darin portionsweise goldbraun frittieren. Herausnehmen und auf Küchenpapier abtropfen lassen. Heiß servieren.

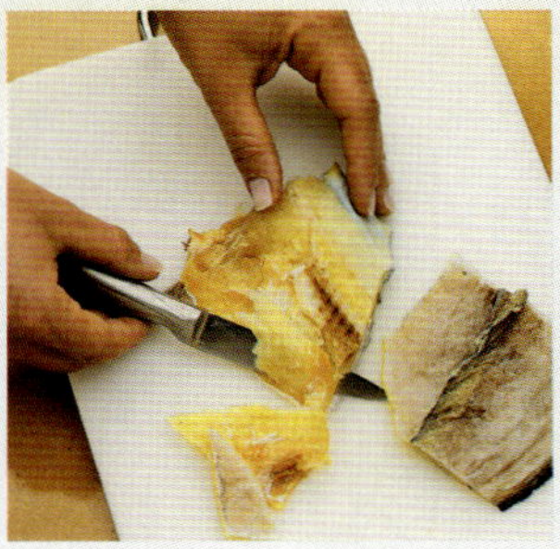

Für 4 Portionen

pro Fisch 1 eingelegtes Sardellenfilet

500 g frische Sardellen

1 Ei

etwas Mehl

4 El Paniermehl

Olivenöl zum Frittieren

einige Zitronenspalten

Zubereitungszeit: ca. 25 Minuten (plus Frittierzeit)
Pro Portion ca. 247 kcal/1036 kJ
33 g E, 10 g F, 5 g KH

Gefüllte Sardellen

1 Die Sardellenfilets in kaltes Wasser legen. Inzwischen die frischen Sardellen säubern, Köpfe abschneiden und die Gräten und Eingeweide sorgfältig entfernen.

2 Die Fische vorsichtig waschen, abtrocknen und aufklappen.

3 In jede Sardelle 1 abgetropftes Sardellenfilet hineinlegen und wieder zuklappen.

4 Das Ei verquirlen. Sardellen zuerst in Mehl, dann in Ei und anschließend in Zwieback oder Paniermehl wenden.

5 Olivenöl zum Frittieren erhitzen und die Fische darin portionsweise goldbraun frittieren.

6 Herausnehmen und auf Küchenpapier abtropfen lassen. Mit Zitronenspalten garniert servieren.

Gebratene Meeresfrüchte

1 Die Zwiebel und den Knoblauch schälen, die Zwiebel fein hacken. Die Tomaten 30 Sekunden mit kochendem Wasser überbrühen, anschließend häuten und halbieren, den Stielansatz und die Kerne entfernen und das Fruchtfleisch klein hacken.

2 Das Olivenöl in einer Pfanne erhitzen und die Zwiebel darin glasig dünsten. Die Muscheln, die Garnelen und die Tintenfischringe dazugeben und darin andünsten. Den Wein und die Brühe angießen. Den Knoblauch dazupressen, Tomaten, Tomatenpüree, Paprikapulver und Cayennepfeffer dazugeben.

3 Alles miteinander vermischen und zugedeckt etwa 15 Minuten schmoren lassen, zwischendurch umrühren.

4 Die Petersilie waschen, trockenschütteln und klein hacken. 1 El Petersilie zu den Meeresfrüchten geben, damit verrühren und 5 Minuten weiter schmoren lassen. Die Meeresfrüchte auf Weißbrotscheiben anrichten und mit der restlichen Petersilie bestreut servieren.

Für 4 Portionen

1 Zwiebel

1–2 Knoblauchzehen

2 Tomaten, 3 El Olivenöl

500 g gekochte Muscheln

175 g geschälte Garnelen

250 g küchenfertige Tintenfischringe

125 ml Rotwein

75 ml Fischfond oder Muschelsud

1 El Tomatenpüree

1–2 Tl Paprikapulver

1 Prise Cayennepfeffer

5 Stiele Petersilie

einige Weißbrotscheiben

Zubereitungszeit: ca. 20 Minuten (plus Garzeit)
Pro Portion ca. 515 kcal/2163 kJ
52 g E, 21 g F, 20 g KH

Sardinen in Chili-Koriander

Für 4 Portionen

1 rote Chilischote

2 El Koriandersamen

1 El Sesamsaat

2 Knoblauchzehen

2 Dosen in Öl eingelegte Sardinen, à 120 g

2 El gehackter Koriander

Zubereitungszeit: ca. 15 Minuten
Pro Portion ca. 94 kcal/393 kJ
10 g E, 4 g F, 3 g KH

1 Chilischote putzen, waschen und halbieren, Stielansatz und Kerne entfernen und klein hacken.

2 Sesam- und Koriandersamen in einer Pfanne ohne Fett 1 Minute rösten, Chilischote darunter rühren. Knoblauch schälen und dazupressen, alles miteinander verrühren. Die Sardinen abtropfen lassen und in dem gehackten Koriander wenden.

3 Sardinen anrichten, mit dem restlichen Koriander und der Sesam-Chilimischung bestreut servieren.

Gebackene Sardinen

Für 4 Portionen

24 Sardinen

1 Fenchelknolle

1 Zitrone

Salz

Pfeffer

Olivenöl

Zitronenscheiben zum Garnieren

Zubereitungszeit: ca. 20 Minuten
(plus Garzeit)
Pro Portion ca. 218 kcal/916 kJ
30 g E, 8 g F, 4 g KH

1 Die Sardinen säubern, die Köpfe abschneiden, die Gräten und Eingeweide sorgfältig entfernen. Die Fische vorsichtig waschen und abtropfen lassen.

2 Den Backofen auf 200 °C vorheizen. Den Fenchel putzen, waschen und in dünne Scheiben schneiden. Fenchel in einer ofenfesten Schale verteilen. Die Sardinen mit der Bauchöffnung nach unten auf den Fenchel setzen.

3 Zitrone auspressen. Sardinen mit Zitronensaft beträufeln und mit Salz und Pfeffer würzen. Etwas Olivenöl und Wasser darüber träufeln. Im vorgeheizten Backofen bei 200 °C 10 Minuten backen lassen. Sardinen nicht austrocknen lassen, zwischendurch mit etwas Sud beträufeln. Mit Zitronenscheiben garniert servieren.

Marinierte Sardinen

Für 4 Portionen

1 Zitrone

1 mittlere Zwiebel

5 in Öl eingelegte Sardellenfilets

Zucker

Pfeffer, Salz

2 Dosen in Öl eingelegte Sardinen

1 El Kapern

16 grüne mit Paprika gefüllte Oliven

Zubereitungszeit: ca. 15 Minuten
(plus Marinierzeit)
Pro Portion ca. 157 kcal/657 kJ
11 g E, 9 g F, 7 g KH

1 Zitrone heiß abwaschen und trockenreiben, anschließend die Schale abreiben. Die Zitrone auspressen. Zwiebel schälen und in dünne Ringe schneiden.

2 Sardellenfilets mit dem Öl pürieren. Den Zitronensaft mit 1 Msp. Zucker, Pfeffer und Salz unterrühren. Wenn das Püree zu fest ist, etwas Olivenöl darunter rühren.

3 Sardinen abtropfen lassen. Mit den abgetropften Kapern, den Oliven und den Zwiebelringen auf einer Platte anrichten. Die Sardellensauce darüber verteilen, Zitronenschale darüber streuen. Abgedeckt mindestens 20 Minuten im Kühlschrank marinieren lassen.

Frittierte Knoblauch-Sardinen

1 Den Backofen auf 175 °C vorheizen. Den Knoblauch schälen und fein hacken. Die Petersilie waschen, trockenschütteln und fein hacken. Knoblauch und Petersilie mit dem Paniermehl vermischen.

2 Inzwischen die Sardellen säubern, die Gräten und Eingeweide sorgfältig entfernen. Die Fische vorsichtig waschen, abtrocknen und aufklappen.

3 Sardinen auf ein Backblech legen und mit etwas Olivenöl beträufeln. Anschließend mit Salz bestreuen.

4 Die Sardinen in dem Knoblauchgemisch wenden und wieder auf das Backblech legen. Wieder mit etwas Olivenöl beträufeln.

5 Im vorgeheizten Backofen bei 175 °C etwa 15 Minuten backen lassen. Die Zitrone auspressen und die Sardinen vor dem Servieren damit beträufeln.

Für 4 Portionen

6 Knoblauchzehen

1 Bund Petersilie

3 El Paniermehl

500 g Sardinen

4 El Olivenöl

grobes Meersalz

1 Zitrone

Zubereitungszeit: ca. 25 Minuten (plus Garzeit)
Pro Portion ca. 298 kcal/1250 kJ
26 g E, 18 g F, 7 g KH

Marinierter Thunfisch

mit Orangen

Für 4 Portionen

4 Orangen

4 Scheiben frischer Thunfisch, à ca. 125 g

Salz

Pfeffer

2 El Olivenöl

2 El Zitronensaft

2 El trockener Sherry

2 Tl Senf

etwas feiner Zucker

2 Zweige Thymian

Zubereitungszeit: ca. 20 Minuten
Pro Portion ca. 393 kcal/1649 kJ
29 g E, 22 g F, 18 g KH

1 2 Orangen schälen und filetieren, den Saft dabei auffangen. 1–2 Orangen mit dem Sparschäler schälen, die Schale anschließend in hauchdünne Streifen schneiden, es soll etwa 1 El ergeben. Die Orangen auspressen.

2 Den Thunfisch mit Salz und Pfeffer würzen. Das Öl erhitzen und den Thunfisch darin etwa 3 Minuten rundherum anbraten, er soll innen noch rosa sein.

3 Herausnehmen und in etwa 1 cm dicke Streifen schneiden und in eine Schale legen. Den Zitronensaft mit dem Sherry, dem Senf, dem Orangensaft, 1 Msp. Zucker, Salz und Pfeffer vermischen.

4 Die Sauce über den Thunfisch verteilen. Den Thymian waschen, trockenschütteln und die Blättchen von den Stielen zupfen. Thunfisch mit Thymianblättchen, Orangenfilets und Orangenschale garniert servieren.

mit Sherry-Sauce

Für 4 Portionen

400 g frischer Thunfisch

Salz

Pfeffer

2 El Olivenöl

1 Schalotte

2 El trockener Sherry

1 Tl Sherry-Essig

1 El Kapern

Zubereitungszeit: ca. 20 Minuten
Pro Portion ca. 280 kcal/1176 kJ
22 g E, 20 g F, 1 g KH

1 Die Thunfischscheiben mit Salz und Pfeffer würzen. Das Öl erhitzen, den Thunfisch darin etwa 3 Minuten rundherum anbraten, er soll innen noch rosa sein.

2 Thunfisch herausnehmen, in etwa 1 cm dicke Streifen schneiden und in eine Schale legen. Die Schalotte schälen und sehr fein hacken.

3 Das Olivenöl mit Sherry, Sherry-Essig, Salz und Pfeffer kräftig verrühren. Die Schalotte mit den klein gehackten Kapern unterheben. Alles über den Thunfisch verteilen und mit geröstetem Brot servieren.

Thunfischtartar

Für 4 Portionen

500 g frischer Thunfisch

1 Gewürzgurke

2 El Kapern aus dem Glas

1 Zitrone

Weißweinessig

Olivenöl

1 Zweig Basilikum

1 gehackte Peperoni

3 El fein gehackte Petersilie

Pfeffer

Dill zum Garnieren

Zitrone zum Garnieren

Zubereitungszeit: ca. 20 Minuten (plus Gefrierzeit)
Pro Portion ca. 328 kcal/1376 kJ
29 g E, 20 g F, 5 g KH

1 Den Thunfisch vollständig einfrieren. Anschließend wieder etwas antauen und in winzige Würfel schneiden.

2 Thunfischwürfel in eine Schale geben. Die Gurke abtropfen lassen und klein würfeln. Die Kapern ebenfalls abtropfen lassen und fein hacken.

3 Gurke und Kapern zum Thunfisch geben. Die Zitrone auspressen, den Saft darüber verteilen. Etwas Essig und Olivenöl darüber träufeln. Alles gründlich vermischen und 1 Stunde durchziehen lassen.

4 Das Basilikum waschen und trockenschütteln, die Blättchen abzupfen, klein hacken und unter den Thunfisch mengen. Die gehackte Peperoni und die Petersilie darunter mischen.

5 Alles in 4–5 kleine mit Wasser ausgespülte Förmchen geben, etwas andrücken und stürzen.

6 Das Tartar mit Dill und Zitrone garnieren und mit frisch gemahlenem Pfeffer bestreuen.

Frittierte Sardinen

Für 4 Portionen

500 g kleine Sardinen

75 ml roter Weinessig

4 Knoblauchzehen

1 Lorbeerblatt

2 Tl gehackter Oregano

Salz

Pfeffer

Mehl zum Wenden

Öl zum Frittieren

2 Eier

Zubereitungszeit: ca. 30 Minuten (plus Marinier- und Frittierzeit)
Pro Portion ca. 318 kcal/1334 kJ
29 g E, 22 g F, 2 g KH

1 Die Sardinen säubern, die Köpfe abschneiden, die Gräten und Eingeweide sorgfältig entfernen. Die Fische vorsichtig waschen, abtropfen lassen und filetieren.

2 Den Weinessig mit 75 ml Wasser vermischen. Den Knoblauch schälen, fein hacken und dazugeben. Lorbeerblatt, Oregano, Salz und Pfeffer ebenfalls dazugeben und alles gründlich vermischen.

3 Die Sardinenfilets mindestens 3 Stunden darin marinieren lassen.

4 Herausnehmen und auf Küchenpapier abtropfen lassen. Je 2 Filets wieder zusammenklappen und in Mehl wenden.

5 Öl zum Frittieren erhitzen. Die Eier mit 1 El Wasser verquirlen, die Sardinen darin wenden, so dass sie von allen Seiten davon bedeckt sind.

6 Sardinen sofort in dem heißen Öl goldbraun frittieren. Die Sardinen abtropfen lassen und sofort servieren.

Für 4 Portionen

3 kleine rote Zwiebeln

2 Knoblauchzehen

1 kleine Fenchelknolle

2 Möhren

8 frische Makrelenfilets

275 ml kalt gepresstes Olivenöl

2 Lorbeerblätter

2 getrocknete Peperoni

300 ml Sherryessig

1 El Koriandersamen

Zubereitungszeit: ca. 30 Minuten (plus Garzeit)
Pro Portion ca. 550 kcal/2310 kJ
32 g E, 44 g F, 8 g KH

Eingelegte Makrele

1 Zwiebeln und Knoblauch schälen, Zwiebeln in dünne Ringe schneiden, Knoblauch fein hacken.

2 Fenchel putzen, waschen und halbieren, anschließend in dünne Streifen schneiden. Möhren putzen, schälen und in dünne Scheiben schneiden.

3 Filets mit der Hautseite nach oben auf einen Grillrost legen, mit Öl bestreichen. Unter dem heißen Grill etwa 5 Minuten grillen, bis die Haut knusprig ist. Herausnehmen und beiseite stellen.

4 Restliches Öl erhitzen und Zwiebeln darin hellgelb andünsten. Möhren, Lorbeer, Knoblauch, Peperoni, Fenchel, Essig und Koriander dazugeben. Zugedeckt 10 Minuten köcheln, bis die Möhren gar sind.

5 Fisch in Stücke schneiden, Haut und Gräten dabei entfernen. In ein Gefäß geben, mit dem Sud übergießen, das Gefäß muss bis zum Rand gefüllt sein. Vollständig abkühlen lassen und fest verschließen.

6 Im Kühlschrank mindestens 24 Stunden durchziehen lassen. Zum Servieren Makrelenstücke auf geröstetem Brot anrichten.

Ausgebackener Stockfisch

1 Den Fisch 2–3 Tage mit Wasser bedeckt im Kühlschrank einweichen. Das Wasser täglich ein- bis zweimal wechseln. Anschließend gut abtropfen lassen.

2 Öl in einer Cazuela langsam erhitzen. Knoblauch schälen, in dünne Scheiben schneiden, darin andünsten. Peperoni mitdünsten.

3 Knoblauch herausnehmen und beiseite stellen. Den Fisch mit der Hautseite nach unten in das heiße Öl legen und 3 Minuten braten, zwischendurch den Fisch immer hin und her bewegen.

4 Fisch von der anderen Seite genauso braten. 1 El Wasser angießen, zugedeckt 15 Minuten schmoren. Fisch und Peperoni herausnehmen, in Stücke schneiden.

5 Öl wieder erhitzen. Das Ei mit einem Mixer schaumig schlagen, das Öl aus der Cazuela langsam dazugießen und weiterschlagen, bis eine Mayonnaise entsteht.

6 Mayonnaise über den Fisch verteilen. Mit gedünsteten dem Knoblauch und der Peperoni garniert servieren.

Für 4 Portionen

250 g getrockneter Kabeljau mit Haut, aber ohne Gräten

75 ml Olivenöl

5 Knoblauchzehen

1/2 rote Peperoni

1/2 verquirltes Ei

Zubereitungszeit: ca. 15 Minuten (plus Einweich- und Garzeit)
Pro Portion ca. 242 kcal/1014 kJ
13 g E, 21 g F, 1 g KH

Tintenfisch mit Zwiebeln

Für 4 Portionen

500 g mittlere Tintenfische

200 ml Olivenöl

750 g Zwiebeln

2 frische Lorbeerblätter

Salz, Pfeffer

2 Knoblauchzehen

Saft 1/2 Zitrone

1–2 El gehackte Petersilie

einige Zitronenscheiben

Zubereitungszeit: ca. 20 Minuten (plus Garzeit)
Pro Portion ca. 603 kcal/2531 kJ
22 g E, 52 g F, 13 g KH

1 Tintenfische gründlich putzen, waschen, abtropfen lassen und in Stücke schneiden. Öl erhitzen und Tintenfisch darin anbraten. Zwiebeln schälen, würfeln und mitbraten.

2 Lorbeer, Salz und Pfeffer hinzugeben. Knoblauch schälen und dazupressen. Tintenfisch mindestens 1 Stunde zugedeckt schmoren.

3 Mit Salz, Pfeffer und Zitronensaft abschmecken. Tintenfisch mit Petersilie bestreuen, mit Zitronenscheiben garnieren und servieren.

Tintenfisch mit Paprikasalsa

Für 4 Portionen

500 g kleine Tintenfische

1 kleine Zwiebel

4 Knoblauchzehen

4 El Olivenöl

Meersalz

6 Stiele Petersilie

2 Tl scharfes Paprikapulver

1/2 getrocknete rote Chilischote

150 ml Fischfond

Zubereitungszeit: ca. 25 Minuten (plus Garzeit)
Pro Portion ca. 213 kcal/895 kJ
23 g E, 8 g F, 13 g KH

1 Die Tintenfische gründlich putzen, waschen und gut abtropfen lassen, anschließend in Stücke schneiden. Die Zwiebel und den Knoblauch schälen und fein hacken.

2 Das Olivenöl erhitzen und den Tintenfisch darin anbraten. Zwiebel und Knoblauch dazugeben und mitbraten. Alles mit Meersalz salzen. Die Petersilie waschen, trockenschütteln und klein hacken. Petersilie mit dem Paprikapulver und der zerkrümelten Chilischote dazugeben. Den Fischfond oder etwas Wasser angießen.

3 Zugedeckt etwa 1 Stunde langsam schmoren lassen. Vor dem Servieren den Sud einkochen lassen. Mit Salz abschmecken und den Tintenfisch mit Brot servieren.

Tintenfischchen im Sud

Für 4 Portionen

1250 g kleine Tintenfische

1 Zwiebel

6 El Olivenöl

1/2 Bund Petersilie

Salz

Pfeffer

125 ml Weißwein

Zubereitungszeit: ca. 30 Minuten (plus Schmorzeit)
Pro Portion ca. 290 kcal/1218 kJ
20 g E, 19 g F, 5 g KH

1 Die Tintenfischchen gründlich putzen, waschen und gut abtropfen lassen. Zu große Tintenfischchen in Stücke schneiden.

2 Die Zwiebel schälen und fein hacken. Das Olivenöl erhitzen und die Tintenfischchen darin anbraten. Die gehackte Zwiebel dazugeben und mitbraten.

3 Die Petersilie waschen, trockenschütteln und klein hacken. Petersilie mit Salz, Pfeffer und dem Weißwein zu den Tintenfischchen hinzufügen. Zugedeckt etwa 45 Minuten langsam schmoren lassen. Vor dem Servieren mit Salz und Pfeffer abschmecken und mit Brot servieren.

Tintenfisch aus Galizien

Für 4 Portionen

1 mittlere fest kochende Kartoffel

Salz

300 g Tintenfisch

175 g Gambas

3–5 El Olivenöl

2 Knoblauchzehen

1 Tomate

Pfeffer

Zubereitungszeit: ca. 30 Minuten
Pro Portion ca. 180 kcal/757 kJ
22 g E, 5 g F, 10 g KH

1 Die Kartoffel schälen, waschen und in Salzwasser etwa 20 Minuten garen lassen, anschließend etwas abkühlen lassen, in Scheiben schneiden und in eine Schale legen. Anschließend den Tintenfisch putzen, waschen und in dünne Ringe schneiden.

2 Die Gambas schälen, den Darm entfernen, waschen und abtropfen lassen. Mit Salz bestreuen. 2 El Öl erhitzen, den Knoblauch schälen und in dem heißen Fett mit den Gambas und den Tinitenfischringen langsam unter Rühren braten, bis sich die Gambas rot färben.

3 Die Tomate 30 Sekunden mit kochendem Wasser überbrühen, anschließend häuten und halbieren, den Stielansatz und die Kerne entfernen und klein würfeln. Die Tomate über die Zutaten in der Schale streuen und alles vorsichtig miteinander vermischen.

4 Restliches Olivenöl sehr stark erhitzen und über die Zutaten gießen. Alles mit Salz und Pfeffer bestreuen, vermischen, in Schälchen anrichten und mit Brot servieren.

Gebackene Garnelen

mit Safran-Mayonnaise

Für 4 Portionen

500 g küchenfertige Garnelen

2 Knoblauchzehen

75 ml Olivenöl

2 El Zitronensaft

Salz

2 Eigelb

1 Msp. gemahlener Safran

ca. 200 ml Sonnenblumenöl

Pfeffer

Zubereitungszeit: ca. 15 Minuten (plus Garzeit)
Pro Portion ca. 560 kcal/2352 kJ
28 g E, 50 g F, 3 g KH

1 Den Backofen auf 175 °C vorheizen. Die Garnelen schälen, den Schwanz dabei nicht entfernen. Garnelen waschen und abtrocknen. Den Knoblauch schälen und fein hacken.

2 Das Olivenöl mit dem Knoblauch, 1 El Zitronensaft und Salz gut vermischen. Garnelen dazugeben und damit gründlich vermischen. Anschließend alles in eine Cazuela (Guss- oder Edelstahlform) füllen. Im Backofen etwa 20 Minuten backen.

3 Inzwischen das Eigelb mit dem gemahlenen Safran, Salz und 1 El Zitronensaft kräftig verrühren. Das Sonnenblumenöl anfangs tropfenweise darunter rühren, nach und nach das restliche Öl in feinem Strahl hineinrühren. Alles mit Salz und Pfeffer abschmecken. Die gebackenen Garnelen mit der Safranmayonnaise und geröstetem Brot servieren.

nach klassischer Art

Für 4 Portionen

2 rote Peperoni

1 grüne Peperoni

4 Knoblauchzehen

7–8 Stiele Petersilie

100 ml Olivenöl

1 El Zitronensaft

1 Tl grobes Meersalz

500 g küchenfertige Garnelen

Zubereitungszeit: ca. 15 Minuten (plus Garzeit)
Pro Portion ca. 247 kcal/1036 kJ
26 g E, 15 g F, 3 g KH

1 Backofen auf 175 °C vorheizen. Peperoni putzen, waschen und halbieren, anschließend den Stielansatz und die Kerne entfernen und klein hacken. Knoblauch schälen und fein hacken. Petersilie waschen, trockenschütteln und klein hacken.

2 Die Peperoni mit dem Olivenöl, dem Knoblauch, Zitronensaft und Salz gut vermischen. Die Garnelen dazugeben und damit vermischen. Anschließend alles in eine Cazuela füllen.

3 Im vorgeheizten Backofen bei 175 ° C etwa 20 Minuten backen. Mit Petersilie bestreuen und servieren.

Marinierter Hummer

Für 4 Portionen

150 ml Fischfond

2 Scheiben Zitrone

1 Lorbeerblatt

1 Zweig Thymian

1 Stiel Petersiele

1 Zwiebel

einige Pfefferkörner

1 Hummer, ca. 1 kg

4 El Olivenöl

1 El Zitronensaft

Salz

Pfeffer

Kresse zum Servieren

Zubereitungszeit: ca. 15 Minuten (plus Kochzeit)
Pro Portion ca. 179 kcal/752 kJ
25 g E, 3 g F, 9 g KH

1 Den Fischfond mit 750 ml Wasser, den Zitronenscheiben, dem Lorbeerblatt und den gewaschenen Kräutern in einen Topf geben.

2 Die Zwiebel schälen, vierteln und ebenfalls dazugeben. Alles zum Kochen bringen und einige grob zerstoßene Pfefferkörner dazugeben.

3 Den Hummer in den kochenden Sud geben und etwa 20 Minuten köcheln lassen.

4 Für das Dressing das Olivenöl mit dem Zitronensaft kräftig verrühren, mit Salz und Pfeffer abschmecken.

5 Den Hummer abkühlen lassen, anschließend die Schale entfernen und das Fleisch in kleine Stücke schneiden.

6 Das Fleisch ebenfalls aus den Scheren lösen und klein schneiden. Auf Tellern anrichten und mit dem Dressing beträufeln. Mit Kresse bestreut servieren.

Frittierte Seebrasse

Für 4 Portionen

125 g Mehl

60 g Speisestärke

Salz

1–2 Tl Zitronensaft

1 Eigelb

1 Zitrone zum Garnieren

500 g festes Filet von der Seebrasse

Mehl zum Bestäuben

Öl zum Frittieren

Zubereitungszeit: ca. 15 Minuten (plus Frittierzeit)
Pro Portion ca. 515 kcal/2163 kJ
26 g E, 28 g F, 38 g KH

1 Das Mehl und die Speisestärke mit etwas Salz und 250 ml Wasser glatt verrühren. Etwas Zitronensaft mit dem Eigelb darunter rühren. Zugedeckt 15 Minuten im Kühlschrank quellen lassen.

2 Inzwischen die Zitrone waschen, abtrocknen und in Stücke schneiden. Den Fisch in mundgerechte Stücke schneiden.

3 Den Fisch waschen, trocknen, in Stücke schneiden, mit etwas Mehl bestäuben und durch den Teig ziehen. Das Öl zum Frittieren erhitzen, bis es zu qualmen beginnt.

4 Den Fisch im Fett goldbraun ausbacken, herausnehmen und auf Küchenpapier abtropfen lassen. Mit der Zitrone garniert heiß servieren.

Für 4 Portionen

500 g gekochte Weinbergschnecken

125 g Serranoschinken

4 Tomaten

2 Zwiebeln

4 Knoblauchzehen

3 El Olivenöl

1 Lorbeerblatt

1 getrocknete Peperoni

Salz

1 El Paprikapulver rosenscharf

75 g gehackte Mandeln

etwas gem. Safran

gehackte Petersilie zum Servieren

Zubereitungszeit: ca. 20 Minuten (plus Garzeit)
Pro Portion ca. 348 kcal/1460 kJ
28 g E, 22 g F, 9 g KH

Andalusische Schnecken

1 Die Schnecken abtropfen lassen. Den Schinken in schmale Streifen schneiden.

2 Die Tomate, 30 Sekunden mit kochendem Wasser überbrühen, anschließend häuten und halbieren, den Stielansatz und die Kerne entfernen und klein hacken. Die Zwiebeln und den Knoblauch schälen und klein hacken.

3 Das Olivenöl erhitzen, Zwiebel und Knoblauch darin anbraten. Das Lorbeerblatt, die Peperoni und die Tomaten hinzugeben und alles 20 Minuten schmoren lassen.

4 Alles salzen, Paprikapulver und den Schinken dazugeben und darunter heben, 5 Minuten weiter schmoren lassen.

5 Die Schnecken, die Mandeln und den Safran dazugeben und alles bei geringer Hitze etwa 10 Minuten schmoren lassen. Alles anrichten und mit viel gehackter Petersilie bestreut servieren. Dazu passt Brot.

Schwertfisch in Safransauce

1 Den Fisch waschen, trocknen und in 4x4cm große Stücke schneiden. Die Zwiebel und den Knoblauch schälen und klein hacken. Das Öl erhitzen und die Zwiebel mit dem Knoblauch darin anbraten.

2 Die gewürfelte Paprika dazugeben und mitbraten, bis alles weich ist. Die klein gewürfelte Tomate dazugeben und alles etwa 1 Minute durchkochen lassen.

3 Den Cognac mit der Brühe darunter rühren. Mit Salz, Pfeffer und viel Muskatnuss abschmecken. Den Safran dazugeben und darunter rühren.

4 Den gewürfelten Fisch zu den Zutaten geben und alles etwa 10 Minuten leicht köcheln lassen, bis der Fisch gar ist. Den Fisch in der Sauce mit Brot servieren.

Für 4 Portionen

500 g Schwertfisch

1 kleine Zwiebel

1 Knoblauchzehe

1 El Olivenöl

1 El gehackte grüne Paprika

1 gehäutete und gewürfelte Tomate

2 El Cognac

2–3 El Hühnerbrühe

Salz

Pfeffer

1 Tl geriebene Muskatnuss

1 Msp. gemahlener Safran

Zubereitungszeit: ca. 15 Minuten (plus Garzeit)
Pro Portion ca. 201 kcal/845 kJ
26 g E, 9 g F, 3 g KH

Jakobsmuscheln mit Peperoni

Für 4 Portionen

1 rote Peperoni

1 Knoblauchzehe

100 ml Olivenöl

1 El Limonensaft

Salz

4 Jakobsmuscheln

4 Schalen von der Jakobsmuschel

gehackte Petersilie

Zubereitungszeit: ca. 15 Minuten
Pro Portion ca. 373 kcal/1565 kJ
20 g E, 27 g F, 14 g KH

1 Peperoni putzen, waschen und halbieren, anschließend Stielansatz und Kerne entfernen und klein hacken. Knoblauch schälen und fein hacken.

2 Olivenöl mit Peperoni, Knoblauch, Limonensaft und Salz vermengen. Das ausgelöste Muschelfleisch dazugeben und gut damit vermischen.

3 Alles in die Schalen füllen und unter dem vorgeheizten Grill etwa 5 Minuten grillen lassen. Mit der gehackten Petersilie bestreuen und sofort servieren.

Venusmuscheln mit Mojo

Für 4 Portionen

60 Venusmuscheln

4 El Mojo de cilantro (FP)

4 El getrocknete Weißbrotkrümel

Zubereitungszeit: ca. 15 Minuten
(plus Garzeit)
Pro Portion ca. 145 kcal/608 kJ
18 g E, 2 g F, 15 g KH

1 Den Backofen auf 225 °C vorheizen. Die Venusmuscheln in einen Topf geben, 4 l Wasser dazugießen und alles zugedeckt zum Kochen bringen. Muscheln einige Minuten kochen lassen, bis sich die Muscheln geöffnet haben, zwischendurch den Topf rütteln.

2 Die Muscheln herausnehmen und das Muschelfleisch aus den Schalen lösen. Die Hälfte der Schalen entfernen. Das Muschelfleisch klein hacken und mit Mojo de cilantro und den trockenen Weißbrotkrümeln vermischen.

3 Alles in die restlichen Muschelhälften füllen und im vorgeheizten Backofen bei 225 °C etwa 10 Minuten braun backen lassen. Sofort servieren.

Marinierte Miesmuscheln

Für 4 Portionen

1/2 kleine Möhre

1 Stück Stangensellerie, ca. 15 cm

1 Scheibe von 1 kleinen Zwiebel, 75 ml Weißwein

je 1/2 Tl Weinessig und Thymian

1 Nelke, Salz, Pfeffer

250 g Miesmuscheln

2 Tl Butter

2 El gehackte Petersilie

Zubereitungszeit: ca. 25 Minuten
(plus Garzeit)
Pro Portion ca. 74 kcal/312 kJ
2 g E, 4 g F, 4 g KH

1 Die Möhre putzen, schälen und in feine Streifen schneiden. Den Sellerie putzen, waschen und klein hacken. Die Zwiebelringe halbieren.

2 Den Wein mit dem Essig, der Zwiebel, dem Sellerie, der Möhre sowie Thymian, Nelke, Salz und Pfeffer in einem Topf aufkochen lassen. Zugedeckt 10 Minuten köcheln lassen.

3 Die Muscheln hinzugeben und alles etwa 6 Minuten weiter köcheln lassen. Muscheln herausnehmen und warm halten. Muscheln, die sich nicht geöffnet haben, entfernen. Die Butter mit der Petersilie zum Kochsud geben. Die Muscheln zurück in die Sauce geben, darin erhitzen und servieren.

Muscheln mit Chili und Sherry

1 Die Zwiebeln schälen und in hauchdünne Ringe hobeln. Den Schinken in winzige Würfel schneiden. Die Peperoni waschen, halbieren, putzen und klein würfeln.

2 Das Olivenöl erhitzen und die Zwiebeln darin zugedeckt etwa 10 Minuten langsam glasig dünsten.

3 Anschließend den Schinken und die Peperoni darunter rühren, den Sherry angießen und die Muscheln dazugeben.

4 Den Deckel auflegen und bei geringer Hitze einige Minuten kochen, bis sich die Muscheln öffnen.

5 Die Muscheln herausnehmen, diejenigen, die sich nicht geöffnet haben, entfernen. Die restlichen Muscheln wieder zurück in den Sud geben. Muscheln mit dem Sud servieren.

Für 4 Portionen

5 Zwiebeln

60 g Schinken

1 kleine rote Peperoni

2 El Olivenöl

1 El halbtrockener Sherry

60 kleine küchenfertige Venusmuscheln

Zubereitungszeit: ca. 15 Minuten (plus Garzeit)
Pro Portion ca. 170 kcal/710 kJ
21 g E, 4 g F, 13 g KH

Salsa, Brot und Käse

Brot und Käse sind die idealen Begleiter zu Wein. Ob geröstet oder ungeröstet, mit Knoblauch eingerieben oder gedippt, gewürfelt oder mariniert – sie schmecken in jeder Form.

Salsa al ajillo

Für 4 Portionen

1/2 Knolle Knoblauch

Salz

30 g grüne Oliven

100 g Kapern aus dem Glas

ca. 500 ml kalt gepresstes Olivenöl

4 Eigelb

schwarzer Pfeffer

etwas Zitronensaft

Zubereitungszeit: ca. 10 Minuten
Pro Portion ca. 673 kcal/2825 kJ
4 g E, 72 g F, 5 g KH

1 Den Knoblauch schälen, in Zehen teilen und mit etwas Salz mit einem Pürierstab zerkleinern. Die Oliven entsteinen und dazugeben. Die Kapern abtropfen lassen und ebenfalls hinzufügen.

2 Alles mit so viel kalt gepresstem Olivenöl pürieren, bis es eine cremige Konsistenz hat.

3 Das Eigelb dazugeben und alles kräftig mixen, bis die Masse sich gut verbunden hat. Mit Salz, frisch gemahlenem Pfeffer und Zitronensaft abschmecken.

4 Im Kühlschrank ist die Sauce 3–4 Tage haltbar. Sie schmeckt besonders gut zu gegrillten Fleisch- oder Fischspießchen.

nach klassischer Art

Für 4 Portionen

5 Knoblauchzehen

Salz

etwas Zitronensaft

150 ml kalt gepresstes Olivenöl

Zubereitungszeit: ca. 10 Minuten
Pro Portion ca. 338 kcal/1418 kJ
17 g E, 37 g F, 1 g KH

1 Den Knoblauch schälen und in einen Mörser geben, Mit etwas Salz zu einer sehr feinen Paste zerstampfen. Etwas Zitronensaft dazugeben und damit gut vermengen. Anschließend unter ständigem Rühren nach und nach das kalt gepresste Olivenöl dazutropfen lassen und untermischen.

2 Soll die Sauce etwas dicker sein, die Sauce mit dem Püree von einer frisch gekochten Kartoffel binden.

3 Die Sauce schmeckt zu Kartoffeln, allen Sorten von warmem oder kaltem Fisch und zu Schnecken.

Gegrillte, gefüllte Feigen

Für 4 Portionen

8 reife Feigen

150 g zarter Ziegenkäse

1 Orange

8 Zweige Rosmarin

1 Prise Cayennepfeffer

Salz

8 dünne Scheiben Serranoschinken

2 El Olivenöl

rote Pfefferkörner

Zubereitungszeit: ca. 15 Minuten (plus Backzeit)
Pro Portion ca. 158 kcal/662 kJ
10 g E, 8 g F, 10 g KH

1 Den Backofen auf 190 °C vorheizen. Die Feigen putzen und vorsichtig abreiben, anschließend zur Blüte über Kreuz einschneiden, aber nicht durchschneiden.

2 Den Käse in 8 Stücke einteilen. Die Orange heiß abwaschen und abtrocknen, anschließend mit dem Zestenreißer die Schale abziehen. Den Rosmarin waschen und trockenschütteln.

3 Den Käse in das Herz der Feigen füllen, mit Orangenschale, etwas Cayennepfeffer und Salz bestreuen.

4 Um jede Feige 1 Scheibe Serranoschinken wickeln und mit einem Zweig Rosmarin feststecken.

5 Feigen auf ein Backblech setzen und mit etwas Olivenöl beträufeln. Im vorgeheizten Backofen bei 190 °C etwa 10 Minuten backen lassen. Mit den Pfefferkörnern bestreuen und heiß oder warm servieren.

Süßes Brot

Für 4 Portionen

2 Eier

etwa 100 ml Rotwein oder Sherry

4 El Öl

8 dicke Scheiben trockenes Weißbrot

Zucker zum Bestreuen

1 Msp. Zimt

Zubereitungszeit: ca. 15 Minuten
Pro Portion ca. 135 kcal/567 kJ
4 g E, 9 g F, 4 g KH

1 Die Eier in einer flachen Schale verquirlen. Den Rotwein oder den Sherry in eine flache Schale geben.

2 Das Öl in einer Pfanne erhitzen.

3 Die Brotscheiben nacheinander zuerst in dem Wein wenden und danach durch das verquirlte Ei ziehen.

4 Brotscheiben sofort in dem heißen Öl von beiden Seiten knusprig und goldbraun backen.

5 Herausnehmen, auf Küchenpapier abtropfen lassen und mit etwas Zucker und etwas gemahlenem Zimt bestreuen.

Tomaten-Salsa

Für 4 Portionen

1 Dose Tomaten á 450 g

5 Knoblauchzehen

2 El Weinessig

Salz

Pfeffer

Kreuzkümmel

1 Prise edelsüßes Paprikapulver

4 El kalt gepresstes Olivenöl

500 g Tomaten

Zubereitungszeit: ca. 15 Minuten (plus Zeit zum Ziehen)
Pro Portion ca. 88 kcal/368 kJ
2 g E, 6 g F, 6 g KH

1 Die Tomaten aus der Dose mit dem Saft in einen Mixbecher füllen und grob pürieren. Den Knoblauch schälen und dazupressen.

2 Den Weinessig mit Salz, Pfeffer, Kreuzkümmel und Paprikapulver dazugeben. Alles fein pürieren, nach und nach das Olivenöl darunter mixen.

3 Die frischen Tomaten waschen und abtrocknen, anschließend den Stielansatz entfernen und in Scheiben schneiden.

4 Tomatenscheiben auf einer Platte anrichten und die Tomatensauce darüber verteilen. Vor dem Servieren 30 Minuten in den Kühlschrank stellen.

Feigen mit Käse gefüllt

1 Die Feigen putzen und vorsichtig abreiben, anschließend jede Feige zweimal in der Breite durchschneiden und mit Sherry beträufeln.

2 Den Käse in 8 Stücke von 4 x 4 cm schneiden und in eine Schale legen.

3 Den Thymian waschen, trockenschütteln und die Blättchen abzupfen.

4 Thymian mit Olivenöl und Pfeffer verrühren, zum Käse geben und damit vermischen. Den Käse zugedeckt etwa 1 Stunde marinieren lassen.

5 Zum Servieren die Feigen abwechselnd mit je 2 Stückchen Käse zu kleinen Türmchen aufstapeln und servieren.

Für 4 Portionen

4 frische Feigen
1–2 El süßer Sherry
175 g spanischer Käse
etwas Thymian
2 El Olivenöl
Pfeffer

Zubereitungszeit: ca. 10 Minuten (plus Marinierzeit)
Pro Portion ca. 102 kcal/428 kJ
11 g E, 5 g F, 4 g KH

Peperoni-Salsa

Für 4 Portionen

200 g Tomaten

1 kleine Zwiebel

6 Stiele Koriander

3 Peperoni

Salz

Zubereitungszeit: ca. 15 Minuten
Pro Portion ca. 31 kcal/130 kJ
1 g E, 1 g F, 4 g KH

1 Die Tomaten waschen und abtrocknen, anschließend halbieren, den Stielansatz entfernen und klein würfeln.

2 Die Zwiebel schälen und klein hacken. Den Koriander waschen, trockenschütteln und fein hacken.

3 Die Peperoni putzen, waschen und halbieren, den Stielansatz entfernen und klein würfeln. Alles in eine Schüssel geben und mit Salz und kaltem Wasser bis zur passenden Konsistenz gut verrühren. Salsa sofort servieren.

Salsa verde

Für 4 Portionen

3 Eier

1 große Knoblauchknolle

1 Zwiebel

2 Bund Petersilie

250 ml Olivenöl

Salz

ca. 150 ml Gemüse- oder Fleischbrühe

Zubereitungszeit: ca. 15 Minuten
Pro Portion ca. 415 kcal/1743 kJ
6 g E, 43 g F, 2 g KH

1 Die Eier 10 Minuten kochen lassen, anschließend abschrecken und pellen. Inzwischen den Knoblauch und die Zwiebel schälen und fein hacken. Die Petersilie waschen, trockenschütteln und klein hacken.

2 Das Olivenöl in einer Pfanne erhitzen. Den Knoblauch mit der Zwiebel darin goldbraun braten. Etwas abgekühlt in einen Mörser oder Mixer geben.

3 Die Petersilie mit den grob zerkleinerten Eiern dazu geben und alles zu einer Paste verarbeiten oder pürieren. So viel Brühe darunter rühren, dass die Sauce die richtige Konsistenz erhält.

Salsa Romesco

Für 4 Portionen

12 gehäutete Mandeln

2 Scheiben Weißbrot

50 ml Olivenöl

4 Knoblauchzehen

1 Dose Tomaten (ca. 300 ml)

1 eingelegte Paprika

1 getrocknete Peperoni

150 ml Rioja

1 El Weinessig

Paprikapulver, Salz, Pfeffer

Zubereitungszeit: ca. 15 Minuten
Pro Portion ca. 235 kcal/985 kJ
3 g E, 17 g F, 11 g KH

1 Die Mandeln in einer Pfanne ohne Fett goldbraun rösten. Die Brotscheiben in dem Olivenöl von beiden Seiten braun braten, herausnehmen und mit dem Bratfett im Mixer pürieren.

2 Den Knoblauch schälen und grob zerkleinert dazugeben. Die Tomaten mit dem Saft ebenfalls in den Mixer geben.

3 Die Paprika pürieren, mit den Mandeln und der zerkleinerten Peperoni zu den Zutaten in den Mixer geben. Alles mit Wein und Essig pürieren, mit Paprikapulver, Salz und Pfeffer abschmecken.

Salsa fresca

1 Die Frühlingszwiebeln putzen, waschen und anschließend klein schneiden.

2 Die Tomaten mit kochendem Wasser überbrühen, häuten und halbieren, den Stielansatz entfernen, entkernen und klein würfeln.

3 Die Peperoni klein schneiden. Das Öl mit Bier, Zitronensaft, Tomatenpüree, Zucker und Salz verrühren. Den Knoblauch schälen, dazupressen und unterrühren.

4 Das vorbereitete Gemüse salzen, zur Sauce hinzugeben und damit vermischen.

5 Die Salsa mindestens 1 Stunde ziehen lassen. Salsa fresca passt zu Fleisch und Brotspießen.

Für 4 Portionen

1 Bund Frühlingszwiebeln

500 g Tomaten

2 grüne Peperoni

je 4 El Öl und Bier

2 El Zitronensaft

1 El Tomatenpüree

2 Tl Zucker, Salz

1 Knoblauchzehe

Zubereitungszeit: ca. 20 Minuten (plus Zeit zum Ziehen)
Pro Portion ca. 91 kcal/382 kJ
2 g E, 5 g F, 8 g KH

Tomaten-Tapenade

mit Rahmkäse

Für 4 Portionen

1 Knoblauchzehe

1 Schalotte

125 g schwarze Oliven

7 getrocknete Tomaten in Öl

2 Frühlingszwiebeln

125 g frischer Rahmkäse

1 El Olivenöl

Salz

Cayennepfeffer

etwas Basilikum

Zubereitungszeit: ca. 15 Minuten
Pro Portion ca. 240 kcal/1011 kJ
5 g E, 23 g F, 5 g KH

1 Den Knoblauch und die Schalotte schälen, fein hacken und in einen Mixer geben. Die Oliven entsteinen und grob zerkleinert dazugeben. Die Tomaten ebenfalls grob zerkleinert mit dem Öl dazugeben. Im Mixer alles fein pürieren.

2 Die Frühlingszwiebeln putzen, waschen und grob gehackt zu dem Püree in den Mixer geben. Den Rahmkäse mit dem Olivenöl nur kurz darunter mixen. Alles mit Salz und Cayennepfeffer würzig abschmecken. Wenn die Paste zu fest ist, noch etwas Olivenöl darunter mixen.

3 Das Basilikum waschen, trockenschütteln und die Blättchen abzupfen. Alles in eine Schüssel füllen und zu geröstetem Brot oder gebackenen Kartoffeln servieren.

nach klassischer Art

Für 4 Portionen

1 Knoblauchzehe

125 g schwarze Oliven

7 getrocknete Tomaten in Öl

1 El Olivenöl

Salz

1 Prise Cayennepfeffer

etwas Basilikum

Zubereitungszeit: ca. 10 Minuten
Pro Portion ca. 144 kcal/603 kJ
1 g E, 15 g F, 3 g KH

1 Den Knoblauch schälen, fein hacken und in einen Mixer geben. Die Oliven entsteinen und grob zerkleinert dazugeben. Die Tomaten ebenfalls grob zerkleinert mit dem Öl dazugeben. Im Mixer alles fein pürieren.

2 Das Olivenöl darunter mixen und alles mit Salz und Cayennepfeffer würzig abschmecken.

3 Das Basilikum waschen, trockenschütteln und die Blättchen abzupfen. Tomatentapenade mit Basilikum garnieren und zu geröstetem Brot servieren.

Katalanisches Brot

Für 4 Portionen

5 El kalt gepresstes Olivenöl

4 Knoblauchzehen

4 Scheiben Bauernbrot, ca. 2 cm dick

1–2 sehr reife Tomaten

Zubereitungszeit: ca. 15 Minuten
Pro Portion ca. 149 kcal/624 kJ
3 g E, 5 g F, 22 g KH

1 Das kalt gepresste Olivenöl in eine kleine Schüssel geben. Den Knoblauch schälen und dazupressen.

2 Die Brotscheiben in einer heißen Pfanne im Knoblauchöl nacheinander anbraten.

3 Herausnehmen, etwas abkühlen lassen und von beiden Seiten mit dem Knoblauchöl bestreichen.

4 Die sehr reifen Tomaten waschen, abtrocknen und halbieren.

5 Die Brotscheiben mit den Tomatenhälften kräftig einreiben und mit den Tomaten servieren.

Brot mit Knoblauchgarnelen

Für 4 Portionen

250 g küchenfertige Garnelen

Meersalz

2 Knoblauchzehen

2 El Olivenöl

2 getrocknete Peperoni

12 kleine Scheiben Bauernbrot

2 El gehackte Petersilie

Zubereitungszeit: ca. 10 Minuten
(ohne Zeit zum Ziehen)
Pro Portion ca. 253 kcal/1061 kJ
17 g E, 5 g F, 35 g KH

1 Die Garnelen mit Meersalz bestreuen und etwa 10 Minuten ziehen lassen. Den Knoblauch schälen und halbieren.

2 Das Olivenöl in einer Pfanne erhitzen und den Knoblauch mit den getrockneten Peperoni darin andünsten, den Knoblauch aber nicht braun werden lassen. Den Knoblauch anschließend im Öl zerdrücken.

3 Die Garnelen hinzufügen und unter Rühren braten, bis sie schön rot werden und gar sind. Die Pfanne vom Herd nehmen.

4 Die Brotscheiben von beiden Seiten goldgelb rösten oder dunkel toasten. Die Garnelen auf den Broten verteilen und mit der gehackten Petersilie bestreuen.

Für 4 Portionen

200 g frische oder getrocknete Aprikosen

150 g Quittengelee

400 g Manchego-Käse

1 El gehackte Mandeln

etwas Rosmarin zum Garnieren

Zubereitungszeit: ca. 15 Minuten (plus Einweichzeit)
Pro Portion ca. 293 kcal/1229 kJ
26 g E, 6 g F, 30 g KH

Manchego mit Quittengelee

1 Die getrockneten Aprikosen in warmem Wasser etwa 15 Minuten einweichen, anschließend in Streifen schneiden.Bei Verwendung von frischen Aprikosen diese häuten, halbieren und entsteinen, anschließend in etwa 3 mm dünne Scheiben schneiden.

2 Den Quittengelee in einem Topf leicht erwärmen und die Aprikosenscheiben oder -streifen damit vermischen.

3 Den Käse mit der Rinde in etwa 5 mm dicke Scheiben schneiden. Die Scheiben in kleine Dreiecke schneiden.

4 Die Aprikosenmischung auf die Käsedreiecke legen. Mit den gehackten Mandeln bestreuen und mit gewaschenem Rosmarin garnieren. Mit oder ohne Brot servieren.

Scharfe Käsetunke

1 Die getrockneten Peperoni und Chilis etwa 30 Minuten in warmem Wasser einweichen. Anschließend gut abtropfen lassen, fein hacken und in einen Mörser oder in einen Mixer geben.

2 Den Knoblauch schälen, fein hacken und mit Salz zu den Zutaten in den Mixer geben und fein pürieren.

3 Das Püree in eine Schüssel geben. Den frisch geriebenen Käse dazugeben und darunter rühren.

4 Nach und nach das Olivenöl unter kräftigem Schlagen einrühren. So lange rühren, bis die Masse schön homogen ist.

5 Den Koriander oder die Petersilie waschen, trockenschütteln und die Käsetunke damit garnieren. Mit gerösteten Brotwürfeln servieren.

Für 4 Portionen

4 getrocknete rote Peperoni

2 getrocknete Chilis

2 Knoblauchzehen

Salz

6 El frisch geriebener Manchego-Käse

ca. 4 El Olivenöl

etwas Koriander oder Petersilie zum Garnieren

Zubereitungszeit: ca. 15 Minuten (plus Einweichzeit)
Pro Portion ca. 45 kcal/187 kJ
4 g E, 2 g F, 2 g KH

Manchego mit Oliven

Für 4 Portionen

200 g Manchego-Käse

200 g grüne Oliven

2 kleine Zwiebeln

8 Knoblauchzehen

ca. 14 El Olivenöl

1 Bund Petersilie

Zubereitungszeit: ca. 15 Minuten (plus Zeit zum Ziehen)
Pro Portion ca. 268 kcal/1124 kJ
13 g E, 22 g F, 4 g KH

1 Den Manchego-Käse in mundgerechte Stücke schneiden. Die Oliven entsteinen und halbieren. Die Zwiebeln und den Knoblauch schälen, die Zwiebeln klein hacken.

2 Alle vorbereiteten Zutaten in ein Gefäß füllen, den Knoblauch dazupressen. Das Olivenöl dazugeben und alles vermischen.

3 Die Petersilie waschen, trockenschütteln und fein gehackt dazugeben. Alles gründlich vermischen und vor dem Servieren zugedeckt etwa 2 Stunden marinieren lassen. Bei Zimmertemperatur servieren.

Ziegenkäse mit Oliven

Für 4 Portionen

300 g frischer Ziegenkäse

2 Tl schwarze Pfefferkörner

5 Knoblauchzehen

2 Stiele Koriander

2 Stiele Oregano

3 Zitronen

3 rote Peperoni

250 g schwarze Oliven

ca. 4–6 El Olivenöl

Zubereitungszeit: ca. 15 Minuten (plus Zeit zum Ziehen)
Pro Portion ca. 405 kcal/1701 kJ
20 g E, 28 g F, 14 g KH

1 Den Ziegenkäse in mundgerechte Stücke schneiden. Den Pfeffer zerstoßen. Den Knoblauch schälen und in dünne Scheiben schneiden.

2 Die Kräuter waschen, trockenschütteln und die Blättchen von den Stielen zupfen. Die Zitronen waschen, abtrocknen und in dünne Scheiben schneiden. Die Peperoni putzen, waschen und halbieren, den Stielansatz und die Kerne entfernen. Die Oliven abtropfen lassen und entsteinen, anschließend klein hacken.

3 Alle Zutaten in eine Schüssel füllen und mit so viel Olivenöl vermischen, dass alles damit überzogen ist. Käsesalat 30 Minuten ziehen lassen und zimmerwarm servieren.

Eingelegter Rahmkäse

Für 4 Portionen

500 g Rahmkäse

4 Schalotten

5 Knoblauchzehen

150 ml Olivenöl

1 Bund Kräuter der Provence

2 getrocknete Peperoni

Salz

Zubereitungszeit: ca. 10 Minuten (plus Zeit zum Ziehen)
Pro Portion ca. 618 kcal/2594 kJ
26 g E, 57 g F, 2 g KH

1 Den Käse in mundgerechte Stücke schneiden und in ein verschließbares Gefäß geben. Die Schalotten und den Knoblauch schälen, grob zerkleinern und dazugeben.

2 Die Kräuter waschen, trockenschütteln und klein hacken, ebenfalls zum Käse dazugeben. Die Peperoni zerkrümelt dazufügen.

3 Alles mit Olivenöl vermischen, das Gefäß verschließen und den Käse mindestens 2 Tage marinieren lassen, zwischendurch umrühren. Den eingelegten Käse mit Salz abschmecken und mit Brot servieren.

Schafskäse in Kräutermarinade

1 Für die Marinade die grünen Paprikaschoten putzen, waschen und halbieren, anschließend den Stielansatz und die Kerne entfernen und die Paprika in kleine Würfel schneiden.

2 Den Knoblauch schälen und sehr fein hacken. Die Kräuter waschen, trockenschütteln und fein hacken.

3 Paprikawürfel, Knoblauchwürfel und gehackte Kräuter mit 1/2 Tl Salz und dem Kreuzkümmel in einen Mörser geben. Alles fein zerstoßen.

4 Das Olivenöl mit dem Essig verrühren und nach und nach darunter mischen. Die Sauce mit wenig Wasser verdünnen.

5 Den Schafskäse in etwa 2,5 cm große Stücke schneiden und in ein Gefäß geben. Die Marinade dazugeben und alles vorsichtig miteinander vermischen.

6 Zugedeckt über Nacht im Kühlschrank durchziehen lassen.

Für 4 Portionen

2 grüne Paprikaschoten

4 Knoblauchzehen

1/2 Bund Koriander

1/2 Bund Petersilie

Salz, 1/4 Tl gemahlener Kreuzkümmel

100 ml kalt gepresstes Olivenöl, 5 El Rotweinessig

450 g frischer Schafskäse

Zubereitungszeit: ca. 20 Minuten (plus Zeit zum Ziehen)
Pro Portion ca. 520 kcal/2184 kJ
21 g E, 47 g F, 4 g KH

Geröstete Brotkrumen

mit Speck und Blutwurst

Für 4 Portionen

500 g altbackenes Weißbrot

175 g Schinkenspeck

175 g Blutwurst

6 El Olivenöl

3 Knoblauchzehen

Salz

Pfeffer

Zubereitungszeit: ca. 20 Minuten (plus Bratzeit)
Pro Portion ca. 665 kcal/2793 kJ
25 g E, 36 g F, 61 g KH

1 Das etwa 2 Tage alte altbackene Weißbrot in kleine Stücke oder Scheiben schneiden, anschließend fein zerkrümeln. In eine Schüssel geben und in kaltem Wasser einweichen. Über Nacht in ein feuchtes Küchentuch einschlagen und ruhen lassen.

2 Am nächsten Tag den Schinkenspeck in kleine Würfel schneiden. Die Blutwurst ebenfalls in kleine Würfel schneiden. In einer großen Pfanne das Olivenöl erhitzen. Die Knoblauchzehen schälen und darin im Ganzen anbraten, anschließend wieder herausnehmen und beiseite stellen. Den Schinkenspeck im Bratfett knusprig braun braten, die Blutwurstwürfel dazu geben und etwa 3 Minuten mitbraten. Schinkenspeck und Blutwurst herausnehmen und beiseite stellen.

3 Die Brotkrümel in dem sehr heißem Olivenöl unter ständigem Rühren etwa 15 Minuten braten lassen, bis sie goldgelb und knusprig sind. Den Schinkenspeck, die Blutwurstwürfel und den Knoblauch wieder dazugeben, etwa 3 Minuten weiter braten und servieren.

nach klassischer Art

Für 4 Portionen

500 g altbackenes Weißbrot

2 Knoblauchzehen

6 El Olivenöl

Salz

Pfeffer

Zubereitungszeit: ca. 15 Minuten (plus Einweich- und Bratzeit)
Pro Portion ca. 513 kcal/2153 kJ
18 g E, 22 g F, 61 g KH

1 Das etwa 2 Tage alte altbackene Weißbrot in kleine Stücke oder Scheiben schneiden, anschließend fein zerkrümeln. In eine Schüssel geben und in wenig kaltem Wasser einweichen. Über Nacht in ein feuchtes Küchentuch einschlagen und ruhen lassen.

2 Am nächsten Tag in einer großen Pfanne das Olivenöl erhitzen. Die Knoblauchzehen schälen und darin im Ganzen anbraten, anschließend wieder herausnehmen.

3 Die Brotkrümel in dem sehr heißem Olivenöl unter ständigem Rühren etwa 15 Minuten braten lassen, bis sie goldgelb und knusprig sind.

Andalusische Tapenade

1 Die Oliven und die Kapern abtropfen lassen, die Oliven anschließend entsteinen.

2 Die Oliven mit den Kapern in einen Mixer geben.

3 Den abgetropften Thunfisch und die Anchovisfilets dazugeben. Den Zitronensaft und den Senf ebenfalls dazufügen und alles fein pürieren.

4 Unter ständigem Mixen nach und nach das Olivenöl vorsichtig darunter mixen. So lange weiter mixen, bis die richtige Konsistenz entstanden ist.

5 Die Kräuter, Salz und frisch gemahlenen Pfeffer dazugeben und untermixen.

6 Abschmecken und zugedeckt mindestens 3 Stunden durchziehen lassen.

Für 4 Portionen

150 schwarze Oliven

2 El Kapern

1/2 Dose Thunfisch in Öl

6 Anchovisfilets

1 El Zitronensaft

1 Tl Senf

6 El Olivenöl

1/2 Tl getrocknete Kräuter z.B. Thymian, Rosmarin und Oregano

Pfeffer

Zubereitungszeit: ca. 15 Minuten (plus Zeit zum Ziehen)
Pro Portion ca. 375 kcal/1575 kJ
12 g E, 35 g F, 5 g KH

Frittierte Käsebällchen

1 Das Olivenöl auf 180 °C erhitzen. Inzwischen in einer Schüssel das Eiweiß zu Schnee schlagen, er soll aber nicht zu steif werden.

2 Die Kräuter waschen und trockenschütteln, anschließend fein hacken. Den Käse fein reiben. Mit den Brotkrumen und den gehackten Kräutern zum Eischnee hinzugeben, vorsichtig darunter ziehen. Die Masse mit Salz, Pfeffer und Paprikapulver würzen.

3 Von der Mischung mit zwei Teelöffeln etwa walnussgroße Bällchen abstechen. Sofort in das heiße Olivenöl geben und rundherum etwa 3 Minuten frittieren, bis sie goldbraun sind.

4 Herausnehmen, auf Küchenpapier abtropfen lassen. Mit dem Thymian garniert servieren.

Für 4 Portionen

Olivenöl zum Frittieren

2 Eiweiß

5 Stiele Kräuter, z.B. Petersilie, Schnittlauch

120 g Manchego-Käse

75 g frische Brotkrumen

Salz

Pfeffer

Paprikapulver

einige Thymianzweige zum Garnieren

Zubereitungszeit: ca. 15 Minuten (plus Frittierzeit)
Pro Portion ca. 213 kcal/895 kJ
11 g E, 14 g F, 10 g KH

Auberginen-Püree

Für 4 Portionen

1 große Aubergine

Saft von 1/2 Zitrone

2–3 El kalt gepresstes Olivenöl

2 Knoblauchzehen

2 El gehackter Koriander oder Petersilie

1/2 Tl Cayennepfeffer

Salz

frisch gemahlener Pfeffer

Zubereitungszeit: ca. 10 Minuten (plus Zeit zum Ziehen und Backzeit)
Pro Portion ca. 41 kcal/173 kJ
1 g E, 3 g F, 3 g KH

1 Den Backofen auf 200 °C vorheizen. Die Aubergine auf ein Backblech legen und im vorgeheizten Backofen etwa 30 Minuten backen lassen, bis die Schale schwarz ist.

2 Herausnehmen und abkühlen lassen. Anschließend der Länge nach halbieren und das Fruchtfleisch aus der Schale lösen. Die Zitrone auspressen.

3 Das Fruchtfleisch in eine Schüssel geben und den Zitronensaft dazugeben. Den Knoblauch schälen und dazupressen.

4 Den gehackten Koriander oder Petersilie dazugeben und alles gründlich vermischen.

5 Die Masse mit dem Cayennepfeffer, Salz und frisch gemahlenem Pfeffer sehr pikant abschmecken.

6 Das Auberginenpüree abdecken und im Kühlschrank mindestens 4 Stunden durchziehen lassen.

Pesto fresco

1 Die Pinienkerne in einer Pfanne ohne Öl unter Rühren goldbraun rösten. Herausnehmen und einige für die Garnitur beiseite legen, den Rest abgekühlt in einen steinernen Mörser geben. (Nicht mit einer Küchenmaschine oder einem Stabmixer arbeiten.)

2 Die Pinienkerne zerstoßen. Den Käse frisch reiben, zu den zerstoßenen Pinienkernen dazugeben und damit vermischen.

3 Nach und nach das Olivenöl und das Salz dazugeben. Den Knoblauch schälen und dazupressen. Alles zu einer cremigen Paste zerstoßen.

4 Das Basilikum waschen, trockenschütteln und die Blättchen abzupfen.

5 Die Blättchen anschließend in feine Streifen schneiden, zur Paste hinzugeben und darunter heben.

6 Die Paste auf Brot streichen und mit Pinienkernen garnieren.

Für 4 Portionen

125 g Pinienkerne

50 g spanischer Hartkäse z.B. Manchego

2–3 El kalt gepresstes Olivenöl

1 Tl grobes Meersalz

1 Knoblauchzehe

1 Bund Basilikum

Zubereitungszeit: ca. 20 Minuten
Pro Portion ca. 353 kcal/1481 kJ
12 g E, 33 g F, 3 g KH

Für 4 Portionen

1 Peperoni

4 dicke Scheiben Bauernbrot

ca. 150 g Aioli

8 Holzspieße

Zubereitungszeit: ca. 10 Minuten
Pro Portion ca. 94 kcal/394 kJ
7 g E, 1 g F, 15 g KH

Brotspieße mit Peperoni

1 Die Peperoni putzen, waschen, anschließend den Stielansatz und die Kerne entfernen und klein würfeln.

2 Die Brotscheiben kräftig toasten oder in einer Pfanne goldgelb rösten, anschließend in etwa 2,5 x 2,5 cm große Würfel schneiden.

3 Die Brotwürfel rundherum mit Aioli bestreichen und auf 8 Holzspieße stecken. Die Peperoniwürfel darüber streuen und sofort servieren.

Für 4 Portionen

2 Knoblauchzehen

100 g Sardellenfilets

6 Stiele Rosmarin

150 g weiche Butter

24 Baguettescheiben

3 kleine Schafskäse

Salz

Schwarzer Pfeffer

8 Holzspieße

Zubereitungszeit: ca. 15 Minuten (plus Backzeit)
Pro Portion ca. 438 kcal/1837 kJ
12 g E, 37 g F, 16 g KH

Brotspieße mit Sardellen

1 Backofen auf 225 °C vorheizen. Knoblauch schälen, mit den Sardellen klein hacken. Rosmarin waschen, trockenschütteln und die Nadeln von den Stielen zupfen und klein hacken. Knoblauch, Sardellen und Rosmarin mit Butter verrühren, Brotscheiben damit bestreichen.

2 Je 3 Brotscheiben mit der bestrichenen Seite nach oben auf einen Holzspieß stecken. Auf ein Backblech legen und im vorgeheizten Backofen bei 225 °C etwa 8 Minuten goldgelb braten.

3 Den Käse in 24 Scheiben schneiden. Brotscheiben damit belegen, mit Salz und Pfeffer bestreuen und mit Olivenöl beträufeln. Brotspieße weitere 3 Minuten backen und sofort servieren.

Für 4 Portionen

1 kleines Glas getrocknete und in Öl eingelegte Tomaten

12 kleine Scheiben grobes Bauernbrot

4 Holzspieße

Zubereitungszeit: ca. 10 Minuten (plus Bratzeit)
Pro Portion ca. 109 kcal/456 kJ
3 g E, 1 g F, 23 g KH

Brotspieße mit Tomaten

1 Den Backofen auf 225 °C vorheizen. Die Tomaten abtropfen lassen. Die Brotscheiben mit dem Tomatenöl bestreichen und auf die Holzspieße stecken.

2 Spieße auf ein Backblech legen und im vorgeheizten Backofen bei 225 °C etwa 5–8 Minuten goldgelb braten.

3 Herausnehmen und die Brotscheiben mit den getrockneten Tomaten belegen.

Brotspieße mit Knoblauchgarnelen

1 Den Spargel putzen, waschen und halbieren, anschließend in etwas Salzwasser etwa 1 Minute kochen lassen. herausnehmen und abtropfen lassen. Den Schinken der Länge nach halbieren, die Spargelstange darin einrollen und in Stücke schneiden. Den Knoblauch schälen und halbieren.

2 Die Brotscheiben in einer Pfanne goldgelb rösten, anschließend mit dem Knoblauch einreiben und in etwa 2,5 x 2,5 cm große Würfel schneiden.

3 Brotwürfel im Wechsel mit dem Spargel und den Gambas auf die Holzspieße stecken. Spieße auf ein Backblech legen und alles mit etwas Öl bestreichen. Unter dem heißen Grill von beiden Seiten etwa 4 Minuten grillen lassen.

4 Herausnehmen, die Spieße mit dem restlichen Öl und dem Essig beträufeln. Mit den entsteinten Oliven und Kapern garnieren und servieren.

Für 4 Portionen

8 Stangen grüner Spargel

Salz, 8 dünne Scheiben Serranoschinken

1 Knoblauchzehe

8 Scheiben Bauernbrot

8 küchenfertige Gambas

4 El kalt gepresstes Olivenöl, 1 El Sherryessig

8 schwarze Oliven

2 El Kapern, 8 Holzspieße

Zubereitungszeit: ca. 30 Minuten
Pro Portion ca. 293 kcal/1229 kJ
16 g E, 13 g F, 28 g KH

Rezeptverzeichnis